Доблестно сражайся за веру

Твоя роль в Божьем деле

Продолжение программы «Священные корни»

Авторы: преп. Дон Аллсман и преп. д-р Дон Л. Дэвис

TUMI Press
3701 East 13th Street North
Wichita, Kansas 67208

The Urban Ministry Institute является частью служения World Impact, Inc.

Доблестно сражайся за веру: твоя роль в Божьем деле

The Urban Ministry Institute
3701 East 13th Street North
Wichita, KS 67208, U. S. A.

ISBN: 978-1-62932-601-6

Издано TUMI Press,
отделение World Impact, Inc.

The Urban Ministry Institute является частью World Impact, Inc.

Все цитаты библейских стихов приведены в парафразе автора.

Описание иллюстрации на обложке:
На рисунке изображён человек, стоящий у водоёма. Он смотрит вниз и видит в воде своё отражение – воина Христового. (На основе Ефесянам 6:10-18)

Эта книга посвящается тем,

кто учит и наставляет новообращённых и растущих верующих...

Пасторам, учителям, наставникам, духовным лидерам и душепопечителям – всем тем, кто предлагает духовную заботу и дружбу этим драгоценным святым, тем, кто постоянно стремится созидать и укреплять последователей Христа, и через которых Святой Дух по всему миру оказывает им любовь, утешение, наставление и подкрепление.

Мы прославляем Божью благодать, видя, как они используют свои дары для воспитания нового поколения духовно подготовленных тружеников во славу Господа Иисуса Христа и для распространения Его Царства.

• • •

Моей команде из Fairmount Park Daybreak, члены которой много лет назад поверили в необходимость подготовки молодых городских лидеров, таких, как я, для Царства Божьего.

~ Дон Дэвис

• • •

Моему однокласснику Ширли Айзаку из 6 класса, благодаря которому я уверовал в Иисуса Христа и Евангелие, а также Терону Фрайбергу, лидеру подростковой группы в нашей церкви, который своим примером научил меня любить Библию и прислушиваться к Духу Святому.

~ Дон Аллсман

• • •

«И что услышал от меня в присутствии многих свидетелей, доверь верным людям, которые, в свою очередь, смогли бы научить других».

~ 2 Тимофею 2:2

Содержание

Ученичество – это не передать знания, а показать жизнь.

- Хуан Карлос Ортис

Приветствую вас, сослуживцы, великим именем нашего Господа Иисуса Христа!

Мы очень рады предложить вам наше пособие для духовного роста учеников/воинов Христа – «Доблестно сражайся за веру: твоя роль в Божьем деле». Этот сборник уроков представляет собой наши наброски Великой Истории, отражённой в Писаниях, и сосредоточен на том, что сама Библия говорит по ключевым вопросам нашего участия в этой грандиозной Истории. Мы убеждены, что в Библии изложена правдивая История нашего мира, его цель и предназначение. Писание представляет нам Бога как Автора жизни и Создателя Вселенной, обещающего послать Аврааму Семя, в котором благословятся все народы земли. Бог открылся Своему народу, Израилю, – тому народу, через которого Он явил Мессию, Своего Помазанника. Иисус был Рабом, избранным Богом для того, чтобы прийти в этот мир, победить смерть, положить конец Проклятию и установить Своё владычество среди людей.

Воистину, Мессия пришёл в мир через Свой народ, Израиль, и мы знаем, кто Он – Искупитель и Царь, Иисус из Назарета. Писание свидетельствует о славе Иисуса – о Том, Кто явил человечеству славу Отца и Его божественный план, искупил наши грехи Своей смертью на кресте и воскресением из мёртвых, и Кто скоро восстановит всё сущее во время Своего второго пришествия. Когда мы раскаиваемся и принимаем Иисуса как Господа и Спасителя, Его грандиозная История становится нашей собственной, – удивительное повествование о благодати и любви, потрясающее действо, к которому Он призывает нас присоединиться и жить вместе с другими в семье самого Бога, – церкви.

Обзор уроков: как доблестно сражаться за веру
Данная книга предлагает читателю простой и понятный обзор самых важных вопросов и тем Великой Истории для того, чтобы лучше понять наши отношения с Богом и с теми, кто составляет Его церковь. Задача книги – предложить вам, растущим и жаждущим знаний верующим, комплекс из девяти уроков, в которых представлены ключевые элементы Великой Истории. Каждый из этих элементов рассматривается по отдельности с точки зрения его влияния на вас, как на нового участника Божьей вселенской Истории. Основанные на

определённых истинах, о которых пишет апостол Павел в Послании к Ефесянам, данные уроки призваны утвердить вас в базовых принципах христианской веры и жизни. Перед вами названия уроков и их краткое содержание.

Урок 1 называется «Великая История, в которую мы вошли: переплетение истории нашей жизни с Божьей Историей». Этот урок поможет вам узнать, что Бог вселенной, всемогущий Господь Бог, является единым истинным и вечным Богом, существующим в трёх Лицах: Отец, Сын и Святой Дух. Он создал всё сущее, видимое и невидимое, и сотворил людей по Своему образу. В этом уроке говорится о неповиновении сатаны и первой человеческой пары, Адама и Евы, и о том, как из-за их непослушания всё творение было проклято. Но Бог обещает дать нам Спасителя, который победит зло и восстановит всё во славу Бога.

В **уроке 2** «Наш ответ на Божий призыв: наша роль во вселенском противостоянии веков» объясняется, как Иисус из Назарета победил дьявола через Свою безгрешную жизнь и смерть за нас и тем самым освободил нас от проклятия. Теперь мы можем войти в Царство Божие через покаяние (оставление своих грехов и обращение к Богу) и веру (принятие истины о том, что совершил Иисус). Он спасает нас по Своей благодати. Принимая крещение, мы становимся Телом Христа и получаем Святого Духа, чтобы Он помогал нам в нашей христианской жизни.

В **уроке 3** «Нам приготовлен приём: соединение нашей жизни с жизнью Бога во Христе» объясняется, как мы посредством веры соединяемся со Христом (т.е. мы теперь «во Христе»). Благодаря нашему единению со Христом, мы принимаем и переживаем на себе все Его дары и то, кем Он является. Через Духа Божьего мы становимся членами Его семьи, где апостолы и пророки являются основанием, а Иисус Христос – краеугольным камнем. Каждая поместная община верующих выполняет роль посольства Царства Божьего, представляя интересы самого Небесного Царства. Мы, верующие, являемся послами и служащими этого Царства.

Урок 4 называется «Данный нам дар: роль Святого Духа в доблестном сражении за веру». В этом уроке рассказывается о том, что Святой Дух поселяется в каждом верующем, наделяя его дарами для служения в церкви. Во Христе мы свободны использовать свои дары среди других верующих, поскольку Святой Дух даёт возможности, направление и силу. Наш совместный духовный рост обеспечен служением каждого верующего на благо общины, в любви и единстве.

В **уроке 5** «Наше отличие: что означает быть святым народом Божьим и посланниками Христа в этом мире» мы увидим, что мы призваны подражать Богу, как Его возлюбленные дети. Во Христе мы отделены для Бога (святые) и должны, как святой и благодарный народ, представлять Бога перед другими людьми. Как Его посланники, мы также призваны делиться Благой вестью о спасении с нашими друзьями, членами семьи и соседями и служить людям, делами показывая свою любовь, выполняя дело Христа.

В **уроке 6** «Нужное нам наставление: назидая друг друга в Теле Христовом» рассматривается идея христианской жизни как жизни в общине. Согласно этому замыслу верующие должны возрастать вместе как семья Бога, будучи Телом Христа и храмом Святого Духа. Мы призваны жить во Христе вместе с другими людьми, вместе открывать для себя Его истины, вместе поклоняться Богу и возрастать как ученики Христа, через общение с другими верующими из поместной церкви и малых групп. Через всё это мы назидаемся в вере и учимся подчиняться друг другу из уважения ко Христу.

В **уроке 7** «Наш враг: как побеждать врага Бога» описывается суть Великой Истории Бога, частью которой мы стали. В мире идёт духовная война: дьявол и царство тьмы борется против Господа Иисуса Христа и Царства света. Победа Христа над нашим врагом, дьяволом, была одержана через Его жизнь, смерть и воскресение. Но дьявол до сих пор обманом продолжает действовать как в нашем падшем мире, так и в нашей греховной природе через т. н. «желания плоти». Мы можем побеждать дьявола, живя верой во Христа и оставаясь внимательными к сатанинским попыткам обмануть нас и увлечь.

Урок 8 называется «Наше снаряжение: применение Божьего арсенала». Урок объясняет нам, что каждому верующему Бог предоставил средства защиты, чтобы мы могли устоять перед врагом и отбить любую атаку. Истины Писания (т.е. Слово Божье) помогают нам различать ложь, противостоять ей и опровергать её, когда враг нападает на нас, а Дух Святой даёт нам силы для борьбы, когда мы сохраняем духовную дисциплину в своей личной жизни и в общине верующих.

Наш последний урок, **урок 9**, называется «Наша стойкость: терпение святых». В уроке показывается, что главный принцип нашего возрастания во Христе – это упорство, бдительность и боевая готовность. Как представители Христа, мы должны идти вперёд, стремиться к награде, как бы ни было трудно. Дух Святой даст нам силы следовать нашему призванию. И если мы будем верными учениками Христа, Он использует нас, чтобы укрепить других верующих в их борьбе.

План каждого урока: разделы и части

Каждый урок разделён на повторяющиеся части, причём важно пройти каждую часть, не пропуская ни одной. (Это особенно важно помнить, если вы проходите данный курс вместе с другими и являетесь лидером группы.)

Цели урока. Каждый урок имеет три цели, которые помогают вам ясно понять, что вы должны знать и во что верить по окончании данного урока, независимо от того, проходите вы его в одиночку или с кем-то.

В начале урока – **молитва о мудрости.** В этой молитве, которую мы призываем вас произносить вслух, мы просим, чтобы Господь приготовил наши сердца к изучению библейских истин, чтобы мы могли понять и принять то, что Он хочет нам сказать.

Связь. Этот раздел – «разминка», которая поможет вам начать занятие через рассмотрение реальных жизненных ситуаций, проблем и вопросов, которые имеют отношение к идеям урока. Уделите этим примерам достаточно времени и подумайте, что они означают. Это разовьёт ваше умение размышлять и вникать в материал каждого урока.

Содержание. В этом разделе кратко объясняется изучаемый материал и даются необходимые библейские ссылки для прочтения и вопросы, на которые вам нужно будет ответить в ходе урока.

Краткий конспект. После прочтения всех ссылок на Писание и ответов на все вопросы из раздела «Содержание», в каждом уроке предлагается краткий, сжатый конспект ключевых идей и истин, представленных в «Содержании». Это поможет вам проверить, не пропустили ли вы ту или иную важную идею урока, самостоятельно изучая Писание.

Приложения. Мы разработали и включили в «Приложения» необходимые схемы, статьи и материалы, которые помогут вам хорошо понять и применить на практике содержание уроков. Обращайтесь к разделу «Приложения», так как они созданы специально для того, чтобы углубить ваше понимание главных принципов и идей каждого урока.

Ключевой принцип. Обычно этот раздел обобщает материал всего урока в одном предложении или стихе.

Наглядные примеры. Этот важный раздел даёт вам возможность подумать о применении всего изучаемого в воображаемых или конкретных ситуациях. Мы ищем истину не только для обсуждения и размышления – ученичество связано с реальной жизнью, реальными проблемами, с которыми сталкиваются люди и которые влияют на их жизнь. Эти случаи должны заставить вас задуматься и помочь вам, растущему ученику, понять, как Великая история Бога и её истины связаны с историей вашей жизни и вашими проблемами. Истину необходимо знать не для того, чтобы сделаться умнее, а для того, чтобы она освободила нас (Иоан. 8:31-32).

Обучение в смирении важнее правильного ответа. Изучая Библию, вы заметите, что часто бывает, что не все заданные вопросы имеют ясный и правильный ответ. Скорее, мы призваны всё обдумывать, смиренно всё изучать, проверять и держаться хорошего (1 Фес. 5:21). Используйте эти примеры для того, чтобы рассмотреть возможные значения того, что вы только что узнали, и будьте внимательны к голосу Духа, который может поменять ваше понимание проблем, обсуждаемых в уроках.

Практическое применение. Этот раздел о том, как вы можете применить и связать со своей жизнью («жить согласно истине») принципы, обсуждаемые в уроке. То, что вы выучили, должно найти отражение в вашем мышлении, поведении, речи и в ваших отношениях с окружающими. Поэтому ищите подходящие способы применить то, чему вы научились, в вашей личной жизни.

Утверждение. В этом коротком разделе даётся главный принцип урока, который мы должны исповедовать и утверждать на протяжении всей недели.

Молитва. Здесь приводится молитва какого-либо важного представителя Церкви в качестве примера прошений и молитв по теме урока, которые возносились на протяжении церковной истории.

Крик души к Господу. Этой молитвой вы должны молиться в конце урока. Вы можете записывать свои молитвы, как например, в Псалмах из Библии. В этих молитвах вы будете просить Бога дать вам особую благодать, чтобы вы могли принять и воплотить в жизнь те принципы урока, которым Он вас научил. Это молитвы смирения, прошения и веры. Молитесь в тишине или вслух, по побуждению Духа.

Для дальнейшего изучения. Этот раздел для тех, кто желает подробнее изучить тему, рассмотренную на уроке.

Для следующего занятия. В этом разделе кратко излагаются темы следующего урока и предлагается хороший общий обзор того, что вы будете проходить.

Библейские стихи для запоминания. Мы твёрдо уверены, что если мы «скрываем» (запоминаем) Божье Слово в нашем сердце, мы не будем грешить против Господа (Пс.118:11). Знание Слова наизусть очень ободряет наше сердце и является готовым ответом на ложь врага. Поэтому в каждом уроке содержится один стих для запоминания, чтобы вы выучили наизусть хотя бы один библейский текст, который будет напоминать вам усвоенную истину на протяжении следующей недели и позже.

Задания. Этот заключительный раздел содержит конкретные задания, которые вы должны выполнить, чтобы закончить урок. Задания полезные и практичные. Если вы подойдете к делу серьёзно и внимательно, ваше усвоение материала существенно улучшится. Задания разработаны для того, чтобы помочь вам возрасти во Христе в свете только что изученных истин. Поэтому, пожалуйста, заполняйте рубрику «Задания» и исполняйте написанное. Ваше обучение станет намного эффективнее, если вы будете использовать полученные знания на практике, а не только размышлять над ними.

Доблестно сражайся за веру: твоя роль в Божьем деле (Продолжение программы «Священные корни»)

Стать христианином – это значит стать частью Божьей Истории, Истории, которую рассказывает Бог и которую Он постепенно раскрывает. Его История об искуплении и любви, о спасении и надежде, о сражении и победе теперь стала вашей Историей! Священные корни этой Истории ведут к началу времён и простираются к надежде славного Царства под управлением Христа. Через веру в Господа Иисуса, вы были спасены от греха, избавлены от наказания и уз и приняты в ряды сражающихся. Из этого сборника уроков вы узнаете, как облекаться во всеоружие Божие, разоблачать вражескую ложь и возрастать вместе с соратниками по вере. Вы стали участниками битвы, так что научитесь доблестно сражаться, зная, что победа в духовной войне принадлежит Господу.

Пастор Джон Элдридж, много писавший о духовной борьбе, говорит: «История вашей жизни – это история о длительной и жестокой осаде вашего сердца тем, кто знает, кем вы можете стать, и боится этого». Он знает, что Бог задумал для нас, тогда как мы учимся свидетельствовать о Христе перед нашими друзьями, членами семьи, коллегами и соседями. Необходимо научиться сражаться. Эта программа-инструкция разработана, чтобы помочь вам начать христианскую жизнь с правильной позиции и предоставить вам арсенал для доблестной борьбы. Данное пособие научит вас, как это делать.

Стью Уэббер, отставной офицер, а теперь пастор, писал о сути духовной битвы, с которой ежедневно сталкивается каждый христианин, независимо от того, является ли он «новобранцем» в Господе или опытным воином:

~ Стью Уэббер. Духовные воины (пер. с англ. – Stu Webber. Spirit Warriors. Sisters, OR: Multnomah Publishers, 2001, p. 16)

Каждый христианин – это живое поле битвы. В сердце каждого верующего разыгрывается отчаянное сражение. И большинство из нас хватается за всё, что может помочь выиграть битву. Назовите это борьбой плоти и духа. Назовите это стремлением к победоносной христианской жизни. Назовите это как угодно. Но всё равно, это война, из которой можно выйти или победителем, или проигравшим. И когда она завершится, мы хотим оказаться не среди павших, а среди выстоявших. В военных академиях по всему миру учат принципам ведения войны. Духовная война, в целом, мало отличается от физической. И каждый воин, желающий не просто выжить, но победить, должен понимать и применять эти принципы в своей ежедневной борьбе «против сил этого тёмного мира и против сил зла в духовном мире» (Еф. 6:12-б).

Вы можете не просто выжить. Вы способны победить, и в вашей победе прославится Христос. Во время изучения Божьего Слова просите Его о силе и мудрости. Просите более глубокого понимания Его истин, просите смелости применять их в своей жизни, просите любви, чтобы делиться ими с окружающими людьми. Приглашаем вас учиться вместе с нами, учиться от Духа Святого тому, как доблестно сражаться за веру. От имени моего соавтора и соратника по борьбе Дона Аллсмана и от имени всего коллектива ТУМИ, который вложил свои силы и время в этот проект, мы благодарим Бога за вашу спасённую жизнь. Мы искренне молимся о том, чтобы вы исполнили свою роль в Божьей Великой Истории спасения и восстановления Его творения. Вам назначено сыграть очень важную роль.

Добро пожаловать в семью, добро пожаловать в бой!

Д-р Дон Л. Дэвис
Уичито, Канзас, преддверие Рождества 2014 г.

ВЕЛИКАЯ ИСТОРИЯ, В КОТОРУЮ МЫ ВОШЛИ
Переплетение истории нашей жизни с Божьей Историей

> Щедрая благодать Бога была излита на нас – на тех, кто верит со всей Божественной мудростью и пониманием. Он открыл нам тайну Своей воли, укоренённой в Его намерении, конечной целью чего является Христос – великий замысел, раскрывающийся теперь, по наступлению полноты времени, план Божий, цель которого – соединить всё во Христе, Сыне Его, включая всё сущее на небе и на земле.
>
> ~ Павел к Ефесянам (Еф. 1:8-10)

Цели урока

По окончании этого занятия вы поймёте суть Великой Истории, частью которой вы стали:

- Бог вселенной, Всемогущий Господь Бог – единый истинный и вечный Бог, существующий в трёх лицах: Отце, Сыне и Духе Святом.
- Бог, Творец всего видимого и невидимого, создал человека по Своему образу.
- В результате неповиновения сатаны* и первой человеческой пары* всё творение было проклято, но Бог дал обетование и имеет план, как победить зло и восстановить всё через Спасителя, Господа Иисуса Христа.

Молитва о мудрости

Вечный Господь, мой Отец, Ты в Своём Слове говоришь, что Ты – источник всякого знания и мудрости. Я признаю эту истину, дорогой Отец, и прошу: дай мне Твоей божественной мудрости, чтобы я мог верно преподавать слово истины (2 Тим. 2:15). Прошу, вразуми меня и наставь на путь, по которому я должен идти (Пс. 31:8), и руководи мною. Помоги мне услышать Твой голос, исправь то, что я думаю и говорю неправильно, и направь меня на правильный путь, если я заблуждаюсь.

....

* **Сатана:** сатана — это имя дьявола, врага Бога и человечества.

* **Первая человеческая пара:** Адам и Ева были первыми мужчиной и женщиной, созданными Богом по Своему образу для того, чтобы они имели отношения с Ним, занимались важной работой и наслаждались богатствами Божьего совершенного мира.

Отец, дай мне дар различения духов и способность различать учения, духов и дары, от Бога ли они. Открой мне Свою волю через Духа Святого и помоги мне понять, как мне её исполнить от всего сердца.

Дорогой Господь, помоги мне, пожалуйста, быть скорым на слушание и медленным на слова, медленным на гнев (Иак. 1:19). Да будут слова моих уст и мысли моего сердца угодными в Твоих очах. Помоги мне с мудростью говорить Твои истины, чтобы слушающие меня поняли их, и они оказались бы им полезными.

Учи меня во время этого занятия, когда я буду принимать Твоё слово и наставление. Прошу об этом всём во имя сильное Иисуса Христа, моего Господа и Спасителя. Аминь!

Связь

1. **Одни ли мы во Вселенной?** Во многих голливудских фильмах инопланетяне зачастую показываются как отрицательные или злые персонажи. Тысячи людей верят, что мы во Вселенной не одни, хотя и сразу признают, что понятия не имеют, где существует эта инопланетная жизнь и что это такое. Другие же считают, что человечество – это единственная форма жизни в огромном море звёзд и галактик небесных тел. Кто-то думает, что мы появились в результате естественных процессов, кто-то – что с помощью богов*, а третьи убеждённо заявляют, что всё это вообще невозможно узнать. В процессе вашего взросления, каких взглядов придерживались вы касательно нашего происхождения; как вас учили, откуда появились небо и земля?

* Божества:
Божества – это сверхъестественные существа или боги, обладающие великой силой и властью.

2. **«Жили-были..!»** Большинство из нас с детства слушали истории – детские стишки, сказки и другие повествования для детей, которые нам рассказывали дома, в церкви или в школе. Где бы ни жили люди, им нравится рассказывать и слушать истории. Фильмы, книги, комедийные шоу, телевизионные шоу, документальные фильмы, социальные сети, газеты и радио – ежедневно мы слышим десятки историй, какие-то правдивые, какие-то – нет, некоторые нас вдохновляют, а другие и слушать стыдно. Наверняка, вас не удивит тот факт, что Библия – это одна большая история. Писание – это целая библиотека книг (всего 66 книг, которые писались многими авторами на протяжении 1500 лет), но все они повествуют одну и ту же историю – историю о Боге и о Его желании спасти Своё творение.

Что вы думаете об историях в целом? Слышали ли вы когда-либо раньше, что Библия рассказывает историю о Боге и о спасении? Чем отличаются те многочисленные истории, которые мы слышали или читали, от одной истории, которую рассказывают авторы Библии о Боге и о том, как Он предлагает спасти мир?

3. **«Насколько я вижу, никакого плана нет».** С самого начала христианской веры, вскоре после апостольского периода, христиане сформулировали свою систему верований – особые утверждения, называемые символами веры. Два самых широко признанных и цитируемых в истории и по сей день символов веры – это Апостольский и Никейский (см. Приложения). Эти два исповедания веры суммируют библейское понимание того, кто есть Бог, что Он совершил в Иисусе Христе, и как будет восстановлено творение, согласно Его сроков и плана.

    Однако многие неверующие утверждают, что космос (Вселенная) появился случайно, без какой-либо конкретной цели и без создателя, вызвавшего его к существованию. Они говорят, что не существует никакого плана, который бы всё объединял, нет ни единого объяснения, почему мы здесь, куда мы идём, и чем всё закончится. Атеисты (те, кто отрицают существование Бога) считают глупым верить, что есть Бог или какой-либо великий смысл жизни. А поскольку, считают они, никакого Бога нет, а есть только материя Вселенной, то и у нашей жизни и этого мира нет никакого предназначения или цели. Агностики (те, кто говорят, что мы не способны узнать, есть ли Бог или нет) утверждают, что даже если Бог и существует, мы не можем Его познать и максимум, на что мы можем надеяться, – это то, что, возможно, всё наладится само собой, кто знает. Каким образом Апостольский и Никейский символы веры могут помочь нам ответить на вызовы атеистов и агностиков, спорящих о том, что не существует ни Бога, ни какого-либо предназначения для вселенной?

Содержание

В Библии мы находим Историю о Боге и человечестве, сосредоточенную на Иисусе Христе, нашем Господе. Но эта Великая История больше, чем просто повествование, которое мы читаем – это то, в чём мы сами участвуем. Будучи последователями Иисуса Христа, вы теперь имеете новую идентичность и играете определённую роль в той Великой Истории, в которой вы оказались.

Вселенная была создана суверенным* и триединым* Богом: Отцом, Сыном и Духом Святым. Сущий вне времени, в вечной славе, ни в чём не нуждающийся Бог решил сотворить мир, в котором люди, созданные по Его образу и подобию, могли бы жить в окружении Его творения. Но этот мир погрузился в хаос из-за восставшего против

....

***суверенный:** «суверенный» означает неограниченный во власти, управляющий всей природой и историей.

***триединый:** «триединый» – синоним для «единый Бог в трёх Лицах». Иногда используется слово «Троица», которое подразумевает одного Бога в трёх лицах.

Бога ангельского князя* – сатаны. С целью свержения Божьего владычества дьявол соблазнил первую человеческую пару (Адама и Еву) на восстание против Бога, что повлекло за собой проклятие человечества без надежды на спасение.

В ответ на это восстание, Бог решил послать Победителя, Искупителя, который бы стал решением проблемы грехопадения и навсегда покончил бы с последствиями проклятия. Через Авраама Бог дал заветное обещание – послать в мир Мессию (Помазанника), и создал народ, из которого произойдёт этот Мессия (Израиль). По наступлению полноты времени, Бог Отец послал Своего Сына, Иисуса, чтобы явить Свою славу, искупить Свой народ и спасти Своё творение. В Своём учении Иисус показал мудрость Царства Божьего и явил могущество через чудеса. Добровольно отдав Свою жизнь на крестную смерть, Он понёс наказание за наш грех* и разрушил дела дьявола. Бог воскресил Его из мёртвых, а спустя сорок дней Иисус вознёсся на небеса*, как победоносный Господь. На пятидесятый день после Его воскресения, Бог ниспослал Духа Святого, чтобы наделить силой растущую армию учеников* Иисуса – Церковь*. Как семья Небесного Отца, Тело Христово и храм Духа Святого, Церковь призвана приглашать всех людей стать частью этой Великой Истории. Когда наше доблестное сражение за веру завершится, Иисус Христос вернётся, чтобы установить Царство Божье во всей вселенной, где больше не будет ни страданий, ни болезней, ни смерти, и Он будет вечно царствовать со Своим народом. Слава имени Его!

....

*ангельский: ангелы – это сверхъестественные существа, созданные Богом, чьи силы и разум превышают человеческие.

*грех: «грех» означает невыполнение Божьей воли словами, поступками или мыслями.

*вознёсся на небеса: Иисус физически оставил Землю и вознёсся на небеса на глазах у Своих последователей. После Его смерти и воскресения, Его вознесение ознаменовало триумфальное восхождение победоносного Царя на небесный престол. Также это привело к сошествию Духа Святого, наделяющего христиан по всему миру силой.

*ученики: «ученик» – это ученик или последователь Иисуса. Каждый христианин является учеником Христа. Иногда «учениками» называют двенадцать человек, которых Иисус избрал для участия в Своём земном служении.

*Церковь: Церковь – это община Божьего народа, которая признаёт Иисуса своим Господом и выполняет Его волю на земле. Эта община состоит из всех верующих прошлого, настоящего и будущего, независимо от их места или времени проживания.

Эти вопросы принимают особенное значение, когда мы обращаемся к библейской истории, в которой вдвойне и втройне часты изменения, приводящие к результату, противоположному тому, что ожидалось. С каждой страницей этой книги историй, – а Библия и есть Великая История, – мы снова и снова наблюдаем неожиданные перемены. Как где-то написал кто-то из нас: «Когда в ключевые моменты истории Бог могущественно действовал, чтобы явить Свою сущность и волю, Он при этом вмешивался в ход истории для того, чтобы освободить бедных и угнетённых». Моменты Божественного вмешательства – это моменты резких поворотов сюжета, моменты, когда случается не то, что ожидалось, когда те, кого мир считает незначительными, оказываются именно теми, когда Творец мира считает важными.

~ Рональд Сайдер, Майкл Кинг. Проповедь о жизни для угрожающего мира (пер. с англ. – Ronald J. Sider and Michael A. King. Preaching About Life in a Threatening World. Philadelphia: The Westminster Press, 1987, pp. 56-57)

Без Христа Библия остаётся закрытой книгой. Но прочтите её, поставив Христа в центр – и это будет величайшая из всех когда-либо рассказанных историй. Если свести Библию к простому списку правил для повседневной жизни, она утратит свою истинную ценность. Апостолы, да и Сам Иисус, учили, что Библия – это развивающаяся драма, главным персонажем которой является Христос.

~ Майкл Хортон. Христианство без Христа (пер. с англ. – Michael Horton. Christless Christianity. Grand Rapids, MI: Baker Books, 2008, page 142)

Великая История
Урок 1. Изучение Библии
Прочтите следующие отрывки из Писания и кратко ответьте на вопросы по каждой библейской истине.

1. *Только Господь Бог является Богом, Он есть Творец вселенной.* Прочтите Бытие 1:1-3:15.

   а. Какова роль Бога в этой Истории?

   б. Какова роль Адама и Евы в этой Истории?

в. Какую роль играет змей в этой Истории?

2. *Все народы возникли и существуют по Божьей воле и власти.* Прочтите Деяния 17:24-31. Перечислите хотя бы три момента из Божьей Истории, которые упоминает Павел, беседуя с афинянами.

3. *Бог обращается ко всему человечеству через Своё творение, через пророков Израиля и, наконец, в наши последние дни – через Иисуса Христа.* Прочтите Евреям 1:1-4.

а. Что говорит автор о том, как Бог обращался к человечеству?

б. Какую важность придаёт автор Послания к евреям тому, что Бог обращается к нам через Иисуса Христа?

4. *Бог вышел на сцену Истории, став человеком, живущим на земле!* Прочтите Иоанна 1:1-14.

а. Кто назван Словом и в каких отношениях Он состоит с Богом?

б. В каких отношениях Слово находится с творением?

в. Каким образом «рождаются» те, кто верует Слову, и что они получают?

5. *История о любви Бога, открывшейся в Иисусе Христе, должна быть рассказана всем народам по всему миру.* Прочтите Матфея 28:18-20. Какое повеление даёт Иисус Своим последователям?

6. *Евангелие – это благая весть о спасении, излагающая суть Истории, в которой мы живём.* Прочтите 1 Коринфянам 15:1-8. Что для Павла является вопросом первостепенной важности?

а. Что такое «благодать», и почему Евангелие (Благая Весть) всегда о благодати?

б. Евангелие – это рассказ о том, что сделал Бог через Иисуса Христа. Что было сделано?

в. Кому Иисус являлся после того, как завершил Свою миссию?

7. *В центре Божьей Истории – Иисус из Назарета, Его жизнь, смерть и воскресение.* Прочтите Марка 1:1-13. Соедините, как проявились три ипостаси Бога во время крещения Иисуса.

а. Отец _____ в виде голубя

б. Сын _____ голос с неба

в. Дух Святой _____ Иисус из Назарета

8. *Божья История, раскрывшаяся в Иисусе Христе – это История о восстановлении, исцелении и благословении страдающих и бедных.* Прочтите Исаия 61:1-4. Перечислите пять пророчеств Исаии о том, что сделает Иисус, когда придёт спасти погибшее.

Моя фамилия Ни. Это довольно распространённая китайская фамилия. Как я её получил? Я её не выбирал. Я не перебирал список разных китайских фамилий, чтобы выбрать именно эту. На самом деле, моя фамилия Ни никак не связана с тем, что я делал и, более того, что бы я ни сделал, я не могу её изменить. Я являюсь Ни, потому что мой отец был Ни, а мой отец был Ни, потому что мой дед был Ни. И если я веду себя, как Ни, то я Ни, и если я не веду себя, как Ни, то я всё равно остаюсь Ни. Если я стану президентом Китая, моя фамилия останется Ни, и если я буду уличным бродягой, то и тогда моя фамилия не переменится. Я ничего не могу сделать или не делать, чтобы изменить мою фамилию.

Мы – грешники не из-за нас самих, а по вине Адама. Я – грешник не потому, что лично я согрешил, а потому, что я был в Адаме, когда он согрешил. Поскольку по факту рождения я произошёл от Адама, я являюсь его частью. И более того, я ничего не могу сделать, чтобы это изменить. Даже если я исправлю своё поведение, я не перестану быть частью Адама, то есть я не перестану быть грешником.

- Вочман Ни. Нормальная жизнь христианина
(пер. с англ. – Watchman Nee. The Normal Christian Life.
Fort Washington, PA: Christian Literature Crusade, 1974, p. 26)

Краткий
конспект

Согласно Библии, Господь Бог Израиля – единый истинный Бог, который явил Себя в трёх лицах (Отец, Сын и Святой Дух). Бог открыл нам Свою Великую Историю (грандиозную драму), в которой повествуется о Его любви и стремлении спасти Своё творение от проклятия. Бог – Создатель Вселенной, сотворивший всё из ничего (ex nihilo) и решивший создать народ, из которого произойдёт Господь и Спаситель. Хотя первоначально Бог сотворил людей безгрешными, они восстали против Него, отпали от Его благодати* и навели на всё творение и человечество проклятие, концом которого является смерть. Бог пообещал послать Спасителя, который заплатит за наши грехи, понесёт на Себе наказание за наше непослушание и даст нам вечную жизнь по вере. Иисус из Назарета и есть этот Спаситель, который умер, чтобы освободить нас. Теперь, по вере в Него, мы можем обрести спасение от власти греха и от наказания за него и получить вечную жизнь – мы можем стать частью Истории, которую рассказывает Бог!

Приложения

Приложения для изучения и размышления, относящиеся к этому занятию:

Однажды давным-давно (Прил. 1)
История, которую рассказывает Бог (Прил. 2)
От предвечного к вечности (Прил. 6)
Тень небесной реальности и реальность (Прил. 7)
Иисус Христос – главная Личность и тема Библии (Прил. 22)
Никейский символ веры (Прил. 24 и 25)
Апостольский символ веры (Прил. 26)

> Как некто сказал, наш мир – это сцена. Лучше и не скажешь об этой разворачивающейся великой драме, которую можно назвать «битвой веков». Сюжет Писания и всей истории человечества повествует о вселенской войне двух царств, в которой все мы играем определённую роль, согласно Божьему плану. Именно в свете этой войны, в которой участвует Божье царство, и писали и толковали Библию её авторы.
>
> ~ Джеймс Де Янг, Сара Херти. Помимо очевидного (пер. с англ. – James DeYoung and Sarah Hurty. Beyond the Obvious. Gresham, OR: Vision House Publishing, 1995, pp. 83-84)

---

*отпал от благодати: когда Адам и Ева вместе с сатаной восстали против Бога, их грех отделил их от идеальных отношений с Богом, их поступок отдалил их от Бога, и в мир вошла смерть.

Всемогущий Бог сошёл на землю в лице Иисуса Христа из Назарета и примирил с Собою мир посредством Его смерти на кресте (2 Коринфянам 5:19).

Прочтите следующие примеры и идеи и поразмышляйте над ними, предложите своё решение, основываясь на изученном выше.

1. **«Я думаю, что Бога нет».** Во время обеденного перерыва Дженис обсуждала со своей коллегой Лией теории о происхождении мира. Лия убеждена, что нет никаких доказательств тому, что существует какой-либо бог. По её мнению, у каждой религии своё понимание бога и того, сколько богов существует и что считать «священным писанием». Дженис – христианка, и верит, что мир был создан всемогущим Отцом, и что вся природа настолько прекрасна и величественна, что не могла возникнуть просто так, без всякой цели и смысла. Что бы вы, на месте Дженис, сказали Лии, основываясь на вышеизученных стихах из Библии, которые говорят о Боге и о том, что Он сотворил наш мир?

2. **«Почему Бог не меняет всё прямо сейчас?»** На библейском уроке для новообращённых возник вопрос: «Если Бог – Творец и всё контролирует, то почему в мире происходит столько всего ужасного?» Некоторые посчитали, что Бог не знает всего, что происходит в мире, а другие сказали, что Он решил не вмешиваться в происходящее. Основываясь на том, что вы теперь знаете, как бы вы ответили на вопрос: почему всё это случается? Как изученный нами материал помогает понять, почему Бог допускает страдания в нашей жизни, по крайней мере, на какое-то время?

3. **«Разве к Богу не ведут много путей?»** Сегодня многие люди считают, что все религии одинаково важны и что существует много различных путей, ведущих к Богу. Это похоже на то, как если бы несколько групп людей начинали восхождение в гору с разных стартовых точек. Все они стремятся попасть на вершину горы (где обитает божество), но пойдут различными путями, исходя из разных точек зрения (религий). Рано или поздно, как утверждает этот подход, все альпинисты (религии мира) своим путём взойдут на вершину духовности к божеству. Согласно этой точке зрения, все религии одинаковы, все говорят истину о божественном, и можно выбрать любую из них, чтобы найти Бога. Что можно ответить на эту точку зрения о многих путях к Богу, на основании того, что мы изучили?

Практическое применение

Покаявшись (отвратившись от греха) и поверив в Иисуса из Назарета, как в своего Господа, вы родились свыше, стали Божьим сыном или дочерью по вере в Евангелие. Это означает, что вы были избраны Богом и стали частью Его грандиозного плана по спасению избранного Божьего народа во славу Его. Вы не просто читаете о Божьей Истории – вы теперь стали её частью! Теперь вы по вере в Иисуса соединились с Ним, ваши грехи были прощены, вы приняты в Его семью и в ряды Его воинов. Веруя в Иисуса, вы являетесь частью Великой Истории!

Это означает, что теперь вам необходимо узнать об этой Истории всё: о том, что делает Бог, как Он хочет, чтобы вы жили, и как Он может использовать вас, чтобы помочь другим также стать частью этой Истории о любви и спасении. Не бойтесь, Бог дал вам Святого Духа, чтобы учить вас, Слово Божие – чтобы направлять вас, Церковь – чтобы поддерживать вас, и силу молитвы – чтобы вы могли получить всё, что вам нужно для новой жизни по Его плану.

Теперь у вас появились новые друзья, но также и новые враги! Вы были спасены от власти тьмы, и теперь вам нужно научиться противостоять дьявольской лжи, искушениям мира и привычкам вашей старой греховной природы. Быть спасённым – это значит быть на стороне Бога в сражении за сердца и умы людей во всём мире. Однако не беспокойтесь! Бог обещал дать нам всё необходимое для того, чтобы жить христианской жизнью, угождать Богу и прославлять Его, а также для того, чтобы побеждать врага в битве, в которой мы теперь участвуем.

Посвятите некоторое время молитве благодарности Богу за то, что Он привлёк вас к Себе, сделал вас Своим сыном или дочерью и подарил вечную жизнь. Попросите у Него силы и помощи для того, чтобы продолжить учиться и возрастать, как ученик (последователь) Иисуса Христа и как воин Его армии. Он никогда нас не оставит и не покинет.

Добро пожаловать в семью, добро пожаловать в битву!

Утверждение

Я создан по образу Божьему, и хотя некогда я был врагом Богу, теперь я избран для того, чтобы участвовать во вселенском Божьем плане по спасению всего погибшего из-за грехопадения.

Молитва

Церковь Христова веками возносит к Богу молитву «Отче наш», основанную на том, как Господь Иисус учил молиться Своих учеников в Матфея 6:9-13 и Луки 11:2-4.

Отец наш на небесах, имя Твоё свято, мы молимся, чтобы пришло Царство Твоё и только Твоя воля исполнялась на земле, как исполняется она на небе. Подкрепи нас сегодня хлебом насущным и прости нам то, что мы сделали неправильно, так же, как и мы прощаем тех, кто поступил неправильно с нами.

Крик души к Господу

Вечный Бог, мой Отец, благодарю Тебя за то, что Ты открыл мне в Писании Свой великий план и поделился Своей Историей. Ты создал Вселенную и мир, и Ты – мой Творец и мой Бог! Спасибо за то, что открыл моё сердце, чтобы я услышал Евангелие о Твоём спасении, Твоё предложение вечной жизни, которую Ты даёшь всем, кто поверит в Иисуса Христа. Я принимаю Твою любовь и спасение. Ты сделал меня частью Твоей Истории. Помоги мне Духом Твоим научиться жить так, чтобы прославлять Тебя – твёрдо противостоять всему, чтобы уводит меня от Тебя назад в мир. Даруй мне благодать быть угодным Тебе сегодня. Во имя Иисуса, аминь!

Для дальнейшего изучения

На сайте www.tumi.org/sacredroots есть раздел с дополнительными видео- и текстовыми материалами.

Norman Geisler. To Understand the Bible Look for Jesus. Eugene, OR: Wipf and Stock Publishers, 2002.

Для следующего занятия

На следующем занятии мы рассмотрим тему «*Наш ответ на Божий призыв*», и, в частности, следующее:

1. Иисус одержал победу над дьяволом и открыл нам путь в Царство Божье.

2. Через покаяние и веру, по благодати Божьей, мы погружаемся в Тело Христово.

3. Дух Святой был дарован нам в качестве залога нашего спасения.

Библейский стих для запоминания

1 Иоанна 3:8

Задания

1. Запишите на отдельном листке бумаги, о чём повествует Великая История из Библии. Покажите этот текст зрелому христианину в вашей церкви.

2. Прочтите приложение «Как начать читать Библию».

3. Начните ежедневно читать Библию по плану для чтения.

Наш ответ на Божий призыв:

Наша роль во вселенском противостоянии веков

> В Иисусе из Назарета, когда вы услышали слово истины, добрую весть о том, что Бог предлагает спасение, и уверовали в Него, в этот самый момент вы были запечатлены обетованным Святым Духом, который является залогом нашего будущего наследия, пока мы не вошли во владение им, в похвалу славы Его.
>
> Павел к Ефесянам (Еф. 1:13-14)

Цели урока	По окончании этого занятия на тему *«Наш ответ на Божий призыв»* вы узнаете, что:

- Благодаря Своей безгрешной жизни и смерти на кресте вместо нас, Иисус Христос победил дьявола и открыл путь в Божье Царство тем, кто поверит.
- Через покаяние (обращение к Богу от наших грехов) и веру (веру в то, что совершил Иисус Христос), по благодати Божьей, мы погружаемся в Тело Христово.
- В качестве залога нашего спасения нам дан Дух Святой.

Молитва о мудрости

Вечный Господь, мой Отец, Ты в Своём Слове говоришь, что Ты – источник всякого знания и мудрости. Я признаю эту истину, дорогой Отец, и прошу: дай мне Твоей божественной мудрости, чтобы я мог верно преподавать слово истины (2 Тим. 2:15). Прошу, вразуми меня и наставь на путь, по которому я должен идти (Пс. 31:8), и руководи мною. Помоги мне услышать Твой голос, исправь то, что я думаю и говорю неправильно, и направь меня на правильный путь, если я заблуждаюсь.

Отец, дай мне дар различения духов и способность различать учения, духов и дары, от Бога ли они. Открой мне Свою волю через Духа Святого и помоги мне понять, как мне её исполнить от всего сердца.

Дорогой Господь, помоги мне, пожалуйста, быть скорым на слушание и медленным на слова, медленным на гнев (Иак. 1:19). Да будут слова моих уст и мысли моего сердца угодными в Твоих очах. Помоги мне с мудростью говорить Твои истины, чтобы слушающие меня поняли их, и они оказались бы им полезными.

Учи меня во время этого занятия, когда я буду принимать Твоё слово и наставление. Прошу об этом всём во имя сильное Иисуса Христа, моего Господа и Спасителя. Аминь!

1. **«Почему дьявол ненавидит нас, ведь мы не причинили ему никакого вреда, не так ли?»** На одном из занятий малой группы по изучению Библии новообращённые проходили со своим наставником Великую Историю, рассказанную в Библии. В ходе изучения они узнали, что дьявол путём лжи и обмана искусил первых людей, Адама и Еву, так, что те согрешили. Один из учеников спросил наставника: «Я что-то не понимаю. Почему дьявол так жестоко поступил, что солгал Адаму и Еве, создал для них неприятности и всё испортил? Что же они такого ему сделали, почему он так сильно ненавидит людей?» Основываясь на том, что вы уже знаете о Библии и об Истории, которую она рассказывает, ответьте, почему, на ваш взгляд, Писание говорит, что дьявол обвиняет, соблазняет и постоянно преследует человека? Почему Он с самого начала этим занимается?

2. **«Ну, конечно, я верю, но я, наверное, ещё не готов посвятить себя этому всецело, по крайней мере, сейчас».** Когда Марша поделилась со своим кузеном Ральфом Евангелием о том, что Бог предлагает людям вечную жизнь, она столкнулась с такой реакцией, на какую не знала, что ответить. Ральф сказал ей, что предложение Бога замечательное, даже заманчивое, за исключением требования оставить грехи и посвятить себя Ему. (Ральф был в сильной зависимости от онлайн-игр, некоторые из них – про чёрную магию и борьбу с тёмными силами). Услышав личное свидетельство Марши, Ральф сказал: «Я действительно вижу, как сильно Бог нас возлюбил, послав Иисуса ради нас, – это потрясающе. Но, честно говоря, я не думаю, что готов посвятить себя Богу вот так прямо сейчас, особенно, если для этого надо изменить всё в моей жизни и отказаться от некоторых привычек. Это слишком трудно. Нельзя ли просто верить в Иисуса и всё? Почему обязательно нужно, как ты сказала, «покаяться и отвратиться от всех грехов»? Не думаю, что я прямо сейчас готов к такому радикальному посвящению. Неужели нет другого пути, чтобы обойтись без всякого там покаяния?» Что Марша должна ответить Ральфу на всё это – обязательно ли раскаиваться во грехах, чтобы спастись? Объясните.

3. **«Став учеником Иисуса Христа, ты превратился в мишень».** Для многих людей христианская вера – это только Божья любовь и благодать, и слишком мало кто понимает, что стать христианином – это значит перейти в битве на Божью сторону. На самом деле, в

тот момент, когда человек раскаивается в своих грехах и начинает верить в Иисуса Христа, он вступает в битву, названную одним христианским автором «матерью всех сражений». Сказать «да!» Христу и Его царству одновременно означает сказать «нет!» искушениям этого мира, внутренним желаниям своей старой греховной природы и вражеской лжи. Стать христианином означает стать воином и мишенью для врагов Бога. Как вы уже успели ощутить это на себе с того момента, как приняли Иисуса Христа своим Господом и Спасителем?

Содержание

На предыдущем занятии («Великая история, в которую мы вошли») мы узнали, что рассказанная в Библии История о Божьем спасении во Христе отвечает на главные вопросы жизни. Но какой бы увлекательной она ни была, нужно не просто послушать эту Историю в качестве развлечения, как мы ходим в кино, чтобы посмотреть фильм и забыть. Когда мы слышим Божью Историю о спасении и обновлении во Христе, нам необходимо принять решение стать на сторону Бога. Мы должны поверить в эту Историю, принять её как истину, войти в эту Историю и вступить в доблестное сражение за веру. Мы должны перейти на другую сторону в сражении, добровольно записаться в армию Господа.

Не благодаря нашим собственным заслугам, а только лишь по Божьей милости, явленной в заместительной («вместо нас») смерти Иисуса Христа, Бог приглашает всех людей стать частью Его воинства. Божье предложение получить спасение – это призыв к духовной войне, призыв перейти из царства тьмы в царство света, перестать жить только для себя и стать послом Господа Иисуса Христа, следуя за Ним в этом испорченном и падшем мире.

*покаяние: «покаяться» означает изменить свой образ мыслей, развернуться и пойти в противоположную сторону, вернуться на Божий путь. Когда вы раскаиваетесь, вы соглашаетесь с тем, что Бог говорит, что вы шли неправильным путём, и меняете своё поведение так, чтобы жить по Его воле.

Если вы признаёте свои грехи и непослушание, отвращаетесь от них в покаянии* и просите у Бога прощения, которое возможно благодаря смерти Иисуса Христа на кресте, тогда Бог очищает вас от грехов и восстанавливает в отношениях с Ним. Вы становитесь частью Тела Христового, Божьей семьи – Церкви. Даруя нам спасение, Бог Духом Святым поселяется в нас, чтобы каждый день давать нам силы прославлять Его, служить Христу и совершать Его труд. Дух Святой – это залог наследия Божьего, которое мы в полноте получим при Втором пришествии Христа. Дух Святой – это гарантия того, что в будущем мы станем сонаследниками Христу.

Покаяться в грехах и верой соединиться с Христом означает перейти из царства сатаны в Царство Божье. Тем самым вы в буквальном смысле соединяетесь со всеми верующими и спасаетесь от будущего

Божьего гнева. Водное крещение*, заповеданное Христом всем верующим – это внешнее выражение того внутреннего действия благодати, которое произвёл в нас Дух Святой для того, чтобы соединить нас с Христом – нашим Господом и Вождём, это публичное выражение нашей верности и посвящения воскресшему Господу, заявление о том, что мы являемся Его последователем.

> Признать Иисуса Своим Спасителем и Господом означает вступить в Его армию. Осознаёте ли вы это или нет, но вы в неё приняты.
>
> ~ Джон Уайт. Борьба (пер. с англ. – John White. The Fight. Downers Grove, IL: InterVarsity Press, 1976, p. 217)

Божий призыв в Его армию
Урок 2 Изучение Библии
Прочтите следующие отрывки из Писания и кратко ответьте на вопросы по каждой библейской истине.

1. *Слово становится плотью и предлагает верующим вечное спасение. Прочтите Иоанна 1:10-14.*

   а. Что Иоанн говорит о Слове: кто это Слово и каковы его отношения с Богом?

   б. Кем приходится Слово Иоанну Крестителю? Кем является Слово по отношению к миру?

   в. Каким образом Бог даёт людям право быть Его детьми?

   г. Как мы становимся детьми Божьими? (выберите правильный ответ):
      i. От крови и плоти, или естественным образом
      ii. По воле человека, или по решению мужа
      iii. Рождаемся от Бога

---

*Крещение: крещение – это обряд для верующих, во время которого человек омывает своё тело водой, что символизирует присоединение к Телу Христа. Крещение может совершаться через погружение в воду, омовение головы или другим образом. Слово «крещение» (на английском – baptism) происходит от «baptizdo», что означает «быть помещённым в». Таким образом, крещение важно, поскольку это видимое выражение духовной реальности. Оно показывает, что теперь вы «находитесь во» Христе. Каждый верующий должен быть крещён, потому что Сам Христос заповедовал нам делать это, чтобы публично заявить о нашей верности Ему.

2. *Спасение от греха и смерти даются нам благодатью Божьей, по вере.* Прочтите Ефесянам 2:1-10.

    а. Как апостол* описывает людей и то, в каких отношениях с дьяволом («князем, господствующим в воздухе») они находятся до покаяния и уверования в Христа?

    б. Запишите ниже три пункта о себе до того, как Бог спас вас по Своей милости.

        i.

        ii.

        iii.

    в. Как мы обретаем спасение? (Выберите правильный ответ)
        i.   По благодати чрез веру (как дар от Бога)
        ii. За добрые дела (так что вы можете гордиться)

    г. Для чего мы были спасены: какими хочет видеть нас Бог, и что Он хочет, чтобы мы делали теперь, когда мы спасены?

3. *Иисус является Тем, Кто победил дьявола, чтобы освободить и восстановить творение и человечество.* Прочтите Луки 11:14-23.

    а. В чём враги Христа обвиняли Его после того, как Он изгнал беса из немого?

    б. Что, отвечая, сказал Иисус о царстве, разделившемся само в себе?

....

*апостол: «апостол» означает «посланник». Этот термин употребляется в Библии в двух значениях. Чаще всего, как и в этом случае, он подразумевает людей, которых Иисус лично послал на служение Ему, включая 12 апостолов, сопровождавших Его во время Его земной миссии, а также, например, Павла, который получил личное задание от Христа в Деяниях 9. Свидетельство апостолов как очевидцев очень важно для нас, потому что оно формирует всё, что мы знаем о Христе (см. 1 Иоанна 1:1-4 и 2 Петра 1:16-18). Вот почему Никейский символ веры называет нашу веру «апостольской» – потому что мы основываем наше понимание Библии и истории человечества на том, что говорили апостолы. Во втором случае (напр., в Ефесянам 4:11) слово «апостол» используется в отношении тех, кто с этим особым даром от Духа был послан на определённое задание или миссию. Сегодня мы называем таких людей «миссионерами», т.е. людьми, посланными на определённое задание, например, с целью насаждения церквей.

в. Что означает тот факт, что Иисус изгоняет бесов «перстом Божьим» (т.е. Духом Святым)?

г. Как Христос описал Свою силу преодолеть «человека сильного» (дьявола) в этой притче?

д. Притчу Иисуса в Евангелии от Луки 11 ясно объясняет текст из 1 Иоанна 3:8. Для чего Христос пришёл на землю?

4. *Бог Отец наделил Иисуса из Назарета абсолютной властью судить и спасать.* Прочтите Иоанна 5:19-27.

а. Как, по словам Иисуса, Его дела говорят о том, в каких Он отношениях с Отцом?

б. Если люди не почитают Христа, как это отражается на их отношениях с Богом Отцом?

в. Что сказал Иисус о слышащих Слово и верующих в Пославшего Его?

i. Имеют жизнь _____

ii. Не _____

iii. Перешли от _____ в жизнь.

5. *Никто не может оправдаться благодаря своим добрым делам. Все мы оправдываемся перед Богом только по вере в Иисуса Христа.* Прочтите Римлянам 3:9-28.

а. Перечислите три характеристики морального положения людей перед Богом (на основании этого отрывка):

i.

ii.

iii.

б. Запишите три утверждения Павла о том, каким образом мы оправдываемся перед Богом.

i.

ii.

iii.

в. В таком случае, каким образом мы получаем оправдание (считаемся праведными) перед Богом, не исполняя требования Закона?

6. *Веруя в Иисуса Христа, мы рождаемся свыше для новой жизни.* Прочтите Иоанна 3:1-21.

а. Почему для того, чтобы войти в Царство Божие, необходимо родиться свыше?

б. В разговоре с Никодимом Христос ссылается на ветхозаветную историю из книги Чисел 21 гл., чтобы помочь ему понять, что Он ради всего человечества умрёт на кресте. Какой символ упоминался в этой истории, и что должны были сделать люди, чтобы исцелиться? Чему Иисус научил Никодима через эту историю (см. ст. 15)?

в. Заполните пропуски (ст. 15-16):

i. Сын Человеческий будет вознесён, чтобы _____ _____.

ii. Бог так возлюбил мир, что отдал Сына Своего Единородного, чтобы _____.

iii. Бог не послал Сына Своего, чтобы _____ мир, но чтобы мир мог быть _____.

7. *Некогда безрассудные и непослушные Богу, мы теперь по вере стали детьми Самого Бога по Божьей благодати во Христе Иисусе.* Прочтите Титу 3:1-8.

   а. Как мы, будучи верующими во Христа, должны относиться:

      i. К правителям и властям

      ii. Ко всем людям

   б. Опишите, какими мы были до покаяния и уверования во Христа.

   в. Как повлияла на нас явившаяся нам «благодать и человеколюбие Спасителя нашего, Бога»?

   г. Как мы должны жить теперь, будучи спасёнными благодатью Божьей?

8. *После покаяния Дух Святой поселяется в нас и запечатлевает нас в принадлежность Господу, а также для духовной брани, которую мы ведём!*

   а. Прочтите Ефесянам 1:13-14. Заполните пропуски:

      i. Верующий и спасённый имеют печать
         _____.

      ii. Дух Святой является залогом нашего _____ до того, как мы вступим во владение им.

   б. Прочтите Римлянам 8:12-17. Ответьте на следующие вопросы (ВЕРНО / НЕВЕРНО)

      i. Теперь, когда в нас живёт Дух Святой, мы не должны поддаваться греху.

      ii. Через действие Духа Святого мы, как дети, приняты в Божью семью.

      iii. Мы наследники Божьи и сонаследники со Христом, если страдаем вместе с Ним.

9. *Бог призвал Своих посланников провозглашать всему миру победу Христа над дьяволом и грехом.* Прочтите Деяния 26:12-18. Заполните пропуски. К чему призвал Иисус Павла, когда явился ему в видении?

   а. Быть слугой и _____ того, что ты видел, и что Я открою тебе (ст. 16).

   б. Открыть глаза народа, чтобы они обратились от _____ к свету, от власти _____ к Богу, чтобы получили _____ грехов и место среди освящённых _____ (ст. 18).

Краткий конспект

Каждый, кто обращается к Богу от своих грехов (кается) и верит в воскресшего Господа Иисуса Христа (вера), получает спасение от Бога – получает прощение, исцеление и принятие в Божью семью, по Его благодати и любви. Это приглашение стать Божьим чадом включает в себя призыв отречься от мира и греха и посвятить себя Христу и Его царству. Вера в Бога означает посвящение себя Богу и отречение от мира, преданность новому Господину, новому Царству и новой жизни. Иисус пришёл в мир, чтобы разрушить дела дьявола, восстановить отношения человека с Богом и вскоре после этого восстановить всё творение во вселенной под управлением Бога в Его Царстве.

Бог спасает нас по Своей благодати, а не из-за нашего послушания Его Закону или за наши заслуги и добрые дела. Наши отношения с Богом восстанавливаются только лишь по Его милости, благодаря заместительной («вместо нас») смерти Христа. Получив спасение, мы становимся частью Его армии, сражающейся против греха, зла и царства тьмы. Воистину, призыв к спасению – это призыв вступить в возлюбленную Богом армию и вести битву против мира, против нашей старой греховной природы и против дьявола.

Когда в нас рождается вера, Бог запечатлевает нас Духом Святым. Дух Святой укрепляет нас, руководит нами, даёт способность прославлять Бога, служить Христу и совершать Его дело. Дух Святой – это залог полного дара Божьего, который мы получим при Втором пришествии Христа. Дух Святой – это гарантия нашего будущего наследия во Христе. Духом Святым нам даются Божьи благословения: прощение грехов, избавление от дьявола и царства тьмы, а также сила подчиняться Божьей воле, чтобы жить по-христиански.

Вместе с Духом Святым мы утверждаем истину Слова Божьего, меняя представление о себе с негативных, разрушительных и лживых на правильные понятия, основанные на Писании. Мы – новое творение во Христе, и теперь мы должны принять как истину, то, что авторы Библии говорят о нас самих, о нашем прошлом и, что более важно, о нашем потенциале и нашем будущем. Мы больше не принадлежим царству тьмы – мы приняты в Царство Сына Божьего, Царство света. Да скажут так избавленные Господом (Пс. 106:1-3)!

Приложения	Приложения для изучения и размышления, относящиеся к этому занятию:

Иисус из Назарета – будущее рядом с нами (Прил. 4)
Замысел Божий: наши «священные корни» (Прил. 5)
От предвечного к вечности (Прил. 6)
Тень небесной реальности и реальность (Прил. 7)

Ключевой принцип	**«Тем, кто принял Его, Он дал право быть детьми Божьими»** (Иоанна 1:12).

Обучающие примеры	Прочтите и поразмышляйте над следующими случаями и понятиями, запишите свои ответы и советы по разрешению этих ситуаций, основываясь на ранее изученном.

1. **«На данный момент я не чувствую себя победителем».** Многие (если не все) новообращённые в начале своей христианской жизни ощущают великую радость и уверенность, но вскоре сталкиваются с противостоянием, а потом испытывают внутреннюю борьбу со грехом и стыдом. Начав уверенно, они оказываются шокированы и разочарованы тем, что христианская жизнь «не такая уж лёгкая, как обещал проповедник». Их всё равно не перестают донимать искушения, они по-прежнему гневаются, поддаются греху, им всё равно приходится противостоять похоти, жадности и гордости. Они спрашивают себя: «Где победа, о которой говорится в Библии? Почему я не могу просто помолиться, чтобы всё сразу наладилось? Если Бог на моей стороне, то почему же мне всё ещё приходится бороться?» Что бы вы ответили тому, кто разочарован в христианской жизни, кто не чувствует себя особо преуспевающим в духовной борьбе и под гнётом повседневной жизни?

2. **«Как я могу быть уверен, что я действительно спасён?»** Каждый новообращённый христианин время от времени сомневается в своём спасении. Хотя он и предал свою жизнь Господу, он всё равно может подумать, сказать или сделать что-то такое, что не согласуется с его новой жизнью во Христе. Иногда такие падения на

пути заставляют новообращённых сомневаться в своём спасении. Переполняясь страхом и сомнениями, они часто поддаются искушению снова и снова просить Господа даровать им спасение. Им не только не хватает уверенности в том, что их первое покаяние перед Христом было принято, но они даже склонны думать, что всё это было просто их выдумкой. Как вышеизученные библейские тексты помогают развеять подобные гнетущие сомнения? Как эти отрывки из Писания могут придать новообращённому уверенности в своём спасении, независимо от того, что чувствует человек в каждый конкретный день? (1 Иоанна 5:11-13)

3. **«Это просто удивительно! Теперь, когда я спасён по благодати, я могу делать всё, что хочу. Я свободен!»** Однажды один новообращённый услышал, что Библия говорит о благодати, праведности Христа и о вечной жизни. Вместо смирения и благодарности, это знание произвело в нём горделивое высокомерие. Он начал говорить своим друзьям: «Раз Бог любит нас и спасает по Своей благодати, нам уже не нужно следить за тем, как мы живём. Что бы мы ни сделали, Он простит нас и снова примет, не на основании наших поступков, а благодаря тому, что сделал Христос!» В чём именно этот новообращённый брат во Христе ошибается касательно жизни спасённых Иисусом Христом? Как мы, на самом деле, должны жить?

Практическое применение

Одна из первых и самых важных истин, в которую верующий может и должен поверить с самого начала своего участия в Божьей Истории – это то, что теперь он является воином величайшей битвы всех времён. Конечно, во время нашего покаяния не гремит гром с неба (по крайней мере, обычно так не происходит). Всё, как будто бы, остаётся прежним. Однако, на самом деле, меняется всё. Мы спасаемся от царства тьмы, нам прощаются все наши беззакония, и Бог принимает нас в Свою семью, а также делает нас воинами Своей армии, которая сражается на стороне Его Царства! Мы – абсолютно новое творение во Христе, всё старое ушло, и теперь всё новое (2 Коринфянам 5:17).

Примите решение вступить в битву прямо сейчас: положитесь на то, что вас будет укреплять Святой Дух, молитесь Господу о том, чтобы Он каждый день помогал вам в вашей христианской жизни, твёрдо настройтесь не уступать в борьбе за ваш разум, сердце и душу. Бог обещал дать вам победу (1 Коринфянам 15:57), потому что Тот, Кто в вас, больше того, кто в мире (1 Иоанна 4:4). Теперь вы принадлежите Господу, и вы больше не привязаны к своей прежней жизни со всеми её страхами, ложью и падениями. Во Христе вы – дитя Божье, и вы должны принять решение вести себя, говорить и думать, как новая личность. Не торопитесь: вам нужно терпение и время, чтобы научиться Божьим путям и стать той новой личностью, какую Он хочет в вас видеть.

Просите, чтобы Господь помогал вам жить в соответствии с вашим новым «я», с той новой личностью, в которую возродил вас Бог – свободной от прежних похотей, с обновлённым разумом, свободной жить, как новый человек с новой природой в новой семье с новым Вождём (Ефесянам 4:20-24). Он призвал вас в Своё войско и снарядил вас для предстоящего пути. Поэтому, дорогой ученик Христа, добро пожаловать в семью и добро пожаловать в сражение!

Если вы ещё не приняли крещение, поговорите с лидером вашей группы по изучению Библии, с другом-христианином или с пастором о своём желании и необходимости это сделать. Как можно скорее пройдите процесс подготовки к крещению в поместной церкви. Христос повелел всем верующим в Него креститься в знак соединения с Ним и для публичного провозглашения о своей верности Христу и Его Царству (Марка 16:14-16; Матфея 28:18-20). Не затягивайте, крещение – это внешнее проявление того, что Божья благодать совершила своё действие в сердце человека посредством крестной жертвы Христа. Будьте послушными Ему и примите крещение как можно скорее!

Утверждение

Верою я принял Божью прощающую благодать, и Он сделал меня Своим безгрешным чадом, спас меня от власти тьмы и ввёл меня в Царство Своего Сына.

Молитва

Молитвой «Тебя, Бога, хвалим» (*Te Deum laudamus*) христиане молятся с IV века. Её автором считают епископа Никиту Дакийского (ок. 335-414), но легенда гласит, что её произнес Амвросий, когда крестил Августина.

Ты – Бог! (Te Deum Laudamus)
(перевод с англ. текста – примеч. переводчика)

Ты – Бог: мы славим Тебя!
Ты – Господь: мы исповедуем Тебя!
Ты – вечный Отец: всё творение величает Тебя!
К Тебе все ангелы, все силы небесные,
    херувимы и серафимы непрестанно взывают:
Свят, свят, свят Господь, Бог Саваоф,
    небеса и земля полны Твоей славы.

Славный хор апостолов славит Тебя.
Хвалебный сонм пророческий славит Тебя.
Пресветлое мученическое воинство славит Тебя.
Святая Церковь по всей земле исповедует Тебя:
    Отца безмерного величия, досточтимого, единого и истинного Сына,
и Святого Духа, заступника и путеводителя.

Ты, Христос – царь славы, Отца вечный Сын.
Ты, чтобы нас освободить, стал человеком, не возгнушался лоном Девы.
Ты, одолев жало смерти, открыл верующим Царство Небесное.
Ты одесную Бога восседаешь во славе.
Веруем, что Ты придёшь и будешь нам Судьёй.
Посему гряди, Господи, и помоги народу Своему,
    искупленному ценою Твоей крови,
и навеки сопричисли нас к святым Твоим во славе вечной!

Крик души к Господу

Небесный Отец, мой Творец и Отец Господа моего Иисуса Христа, благодарю Тебя за Твой благодатный дар Иисуса Христа, сошедшего для нашего спасения. Мы не заслуживали Твоей любви или Твоего прощения, но, тем не менее, Ты позаботился о нас, послал Его показать нам путь и принял Его, как искупительную жертву за грех, вместо нас. Ты запечатлел нас Духом Святым, принял нас в Свою семью и освободил нас от страха смерти и вечного наказания. Что же я могу Тебе предложить в сравнении с такой любовью и милостью? Я посвящаю Тебе моё сердце, мою жизнь, мои деньги и время, и все мои взаимоотношения с людьми. Я понимаю, что, конечно же, мне понадобится время, чтобы познать Тебя, но я хочу, чтобы Ты знал: я готов к новой жизни, к новому направлению, к новому пути. Сделай меня частью Своей Истории, Боже, и веди меня Своим Духом, которого Ты мне дал. С Твоей помощью я смогу прославить Тебя. Во имя Иисуса Христа я молюсь, аминь!

Для дальнейшего изучения

На сайте www.tumi.org/sacredroots есть раздел с дополнительными видео- и текстовыми материалами.

Robert Webber. Who Gets to Narrate the World. Downers Grove, IL: InterVarsity Press, 2008.

Для следующего занятия

На следующем занятии вы будете проходить урок *«Нам приготовлен приём»*, затрагивающий три темы:

1. Быть «во Христе» означает получить и испытать на собственном опыте всё то, кем Он является и что Он делает.

2. Будучи частью Церкви, основанной на апостолах и пророках, мы являемся домашними Богу.

3. Каждая поместная церковь является представителем Божьего Царства.

Римлянам 10:9-10

1. Если вы ещё не приняли крещение, поговорите об этом со своим пастором и попросите его покрестить вас.

2. Ежедневно молитесь о трёх ваших друзьях, чтобы они были спасены и призваны в Божью армию. Просите Господа, чтобы Он дал вам удобный случай поделиться с ними вашей верой.

3. Начните вести блокнот или дневник, куда вы будете записывать свои мысли и вопросы, которые вы хотели бы задать зрелому христианину в вашей церкви.

Урок 3

Нам приготовлен приём
Соединение нашей жизни с жизнью Бога во Христе

> В свете этих великих истин вы должны знать, что вы уже не должны считать себя чужими или иностранцами в Царстве Божьем. Напротив, вы должны считать себя согражданами всем верующим святым, являясь действительными членами семьи самого Бога! Образно выражаясь, вы являетесь домом, построенным на основании слов апостолов и пророков, где сам Иисус Христос – краеугольный камень. В Нём всё строение Церкви, каждый член, соединённый с остальными, возрастает через Бога в святой храм в Господе. В Иисусе все вы созидаетесь вместе в строение, где пребывает Сам Бог, и всё это происходит благодаря действию Духа Святого.
>
> Павел к Ефесянам (Ефесянам 2:19-22)

Цели урока

По окончании этого занятия на тему «*Нам приготовлен приём*» вы узнаете, что:

- Мы верой соединены с Христом (т.е. мы теперь «во Христе»), и мы получаем и испытываем на себе всё то, что Он даёт, кем Он является и что делает.
- Через действие Духа, мы становимся домашними Богу, при этом апостолы и пророки являются основанием, а Христос – краеугольным камнем.
- Каждая поместная церковь является посольством Царства Божьего, представляя небесные интересы и цели, а верующие являются послами и служащими этого Царства.

Молитва о мудрости

Вечный Господь, мой Отец, Ты в Своём Слове говоришь, что Ты – источник всякого знания и мудрости. Я признаю эту истину, дорогой Отец, и прошу: дай мне Твоей божественной мудрости, чтобы я мог верно преподавать слово истины (2 Тим. 2:15). Прошу, вразуми меня и наставь на путь, по которому я должен идти (Пс. 31:8), и руководи мною. Помоги мне услышать Твой голос, исправь то, что я думаю и говорю неправильно, и направь меня на правильный путь, если я заблуждаюсь.

Отец, дай мне дар различения духов и способность различать учения, духов и дары, от Бога ли они. Открой мне Свою волю через Духа Святого и помоги мне понять, как мне её исполнить от всего сердца.

41

Дорогой Господь, помоги мне, пожалуйста, быть скорым на слушание и медленным на слова, медленным на гнев (Иак. 1:19). Да будут слова моих уст и мысли моего сердца угодными в Твоих очах. Помоги мне с мудростью говорить Твои истины, чтобы слушающие меня поняли их, и они оказались бы им полезными.

Учи меня во время этого занятия, когда я буду принимать Твоё слово и наставление. Прошу об этом всём во имя сильное Иисуса Христа, моего Господа и Спасителя. Аминь!

Связь

1. **«Почему существует такая большая разница между моим реальным состоянием и тем, что говорит Библия о моём положении перед Богом?»** Многие новообращённые видят большую пропасть между тем, что говорит Библия об их статусе в глазах Бога (прощённый, примирённый, Божье дитя, избранный Богом), и своей повседневной жизнью (борьба с сомнениями, беспокойством, разочарованием, самобичеванием и страхом). И кажется, что эти две картины христианской жизни (то, что говорит Библия, и то, что переживает человек каждый день) просто несопоставимы и противоречат друг другу. Как нам в повседневной христианской жизни воспринимать это несоответствие между нашим статусом во Христе, отражённым в Писании, и тем, какими мы ощущаем себя каждый день?

2. **«Когда я начну вести себя так, как говорит обо мне Библия?»** Для того, чтобы преуспевать, как ученик Христа, необходимо разрешить наш внутренний конфликт между *тем, кем мы были до встречи с Христом, и тем, кем мы стали после обращения.* Зачастую то, кем мы были раньше, кажется нам более реальным, более правдивым взглядом на себя, чем то, что говорит о нас Библия или наши пасторы и учителя. Как новообращённому христианину принять то, что говорит о нём Библия, тогда как более естественным, настоящим, правдивым, более привычным нашим «я» кажется то, кем мы были в прошлом?

3. **«Я просто сам для себя буду верить в Бога, сидя дома».** Возьмём пример одного верующего: до своего обращения он имел проблемы с наркотиками, но недавно принял Христа и начал новую жизнь в Нём. Однако возникла проблема: из-за своего прошлого, из-за того, что он долго жил на улице, нанося вред своему телу, своей семье и окружающим, теперь в обществе христиан он чувствует себя очень неловко. В один из дней он вконец устал и разочаровано заявил: «Хватит! Я больше не могу находиться вместе с другими верующими в церкви. Я ничего против них не имею, но они не могут понять, откуда я пришёл! Я не хочу оставлять Бога, я всё равно буду

Ему служить, но сам, без церкви». Что бы вы ему сказали насчёт того, что он решил: хорошо это или плохо? Если плохо, то почему?

Содержание

На прошлом уроке («*Наш ответ на Божий призыв*») мы выучили, что когда мы обратились к Богу от идолов и грехов (покаяние) и уверовали в Иисуса из Назарета как в воскресшего Господа (вера), мы автоматически приняли решение вступить в армию Господню, перейдя из царства сатаны в Царство Сына Божьего.

Теперь мы будем рассматривать то богатство, какое мы получили по вере с того момента, как соединились с Христом или, иными словами, «пребываем во Христе». Наше единение со Христом по вере даёт нам новый статус и новые взаимоотношения с Богом (наше положение перед Богом), теперь мы – Его возлюбленные, благословенные дети, к которым Он благоволит, а также граждане Его Царства. Кроме того, пребывание «во Христе» даёт нам возможность ежедневно вести победоносную жизнь, доблестно сражаясь за веру, и силу пребывать в Духе Святом (наше состояние).

Согласно Новому Завету, каждый уверовавший в Иисуса действием Духа Святого крестится («погружается») в тело Христа (в Коринфянам 12:13 Павел объясняет коринфянам, что по действию единого Духа Божьего все уверовавшие были крещены в одно Тело: иудеи и греки, рабы и свободные, мужчины и женщины – все, кто принадлежит Иисусу Христу, напоены одним Духом). Когда Дух крестил («погрузил») нас во Христа, мы не только получили избавление от Божьего гнева и вечную жизнь в Его присутствии, наполненную радостью, но и новый статус и новые взаимоотношения с Богом, предоставленные нам потому, что мы теперь составляем с Ним одно Тело (см. Приложение 14 «Тридцать три благословения во Христе»).

Воистину, мы получили много благословений благодаря тому, что уверовали во Христа, как в нашего Спасителя. Наши грехи были прощены (Ефесянам 1:7, Колосянам 1:13), мы получили примирение с Богом и восстановление отношений с Ним (2 Коринфянам 6:18-19), Бог принял нас в Свою семью как Своих детей (Римлянам 8:14-15, 23). Одно из самых прекрасных благословений, которые мы имеем во Христе – наше членство и место в Церкви, Теле Христа. Через веру мы присоединились ко всем верующим по всему миру, соединившись с Богом и друг с другом и получив, благодаря этому, привилегию вместе верить, расти и служить в Царстве Божьем, как один народ.

Слава Богу, нам никогда не придётся сражаться в одиночку, своими собственными силами. Все верующие, от самых первых христиан и до сегодняшнего дня, составляют одно удивительное Тело Христа. Хотя есть много разных общин и поместных церквей (с маленькой буквы), Церковь (с большой буквы), на самом деле, одна, основанная Христом и апостолами и призванная исполнять Божьи намерения. Никейский символ веры провозглашает, что эта Церковь единая, святая, апостольская и вселенская (кафолическая)* и состоит из множества поместных церквей всех времён и народов.

Воистину стоит прислушаться к словам апостола Павла, адресованным филиппийцам, и применить их к нашему собственному хождению со Христом:

> Мы – граждане небесного Царства Божьего, ожидаем пришествия с небес нашего Спасителя, Господа Иисуса Христа. Он преобразит наши уничижённые и слабые тела сообразно Своей славному телу той самой силой, какой Он, как Господь, действует и покоряет Себе всё.
>
> ~ Павел Филиппийцам (Филиппийцам 3:20-21)

Каждый верующий, действительно, является гражданином Небесного Царства, а каждая поместная церковь – это посольство Царства Божьего, где мы собираемся для учения, поклонения, духовного роста и служения Христу вместе с другими верующими. Во времена первой церкви по вдохновению Духа Святого христиане точно изложили, во что мы верим, как необходимо поклоняться Богу и какие книги считать Священным Писанием. Эти центральные положения веры, принятые за основу всеми верующими в мире, называются Великой традицией. Её составляют учения и традиции, оставленные апостолами и записанные в Библии, а также обобщённые в символах веры и решениях церковных соборов, с которыми соглашались верующие на протяжении всей истории (см. приложения *Идти вперёд, оглядываясь на прошлое* и *Никейский символ веры*).

---

*__кафолическая:__ слово «кафолическая» не имеет отношения к Римско- Католической церкви. Здесь это слово означает «вселенская», охватывающая христиан всех времён, верующих из любого племени, языка или народа. В Апостольском и Никейском символах веры термин «кафолическая» относится ко вселенской Церкви всех времён и народов, а не к определённой традиции или деноминации (такой, как, например, Римско-Католическая церковь).

«Каждый раз, когда собирается Церковь, ...она возвещает о конце этого мира, о его гибели. Она оспаривает заявления мира о том, что он способен наделить смыслом человеческое существование – Церковь отрекается от мира. Состоящая из крещённых, она утверждает, что смысл жизни находится за порогом смерти... Христианское богослужение – это самый сильный аргумент Церкви, брошенный миру в ответ на его обещания дать настоящий смысл человеческой жизни. Ничто так сильно не противостоит гордыне и отчаянию, царящим в мире, как то, что составляет суть церковного богослужения».

~ Жан-Жак фон Альмен. Поклонение: богословие и практика (пер. с англ. – Jean-Jacques von Allmen. Worship: Its Theology and Practice. London: Lutterworth, 1966, p. 63)

Нам приготовлен приём
Урок 3 Изучение Библии

Прочтите следующие отрывки из Писания и кратко ответьте на вопросы по каждой библейской истине.

1. *Через воскресение Иисуса Христа, Бог даровал нам живую надежду и обещание вечной жизни.* Прочтите 1 Петра 1:3-12.

   a. Перечислите по крайней мере три благословения, которые вы имеете во Христе.

      i.

      ii.

      iii.

   б. К чему приводят наши страдания в испытаниях? (ст. 6-7)

   в. Как мы можем понять, что означает наше спасение в Господе, когда мы не видим Его физического присутствия посреди нас? (ст. 8-12).

2. *Иисус – это Живой Камень, а верующие в Него – избранный Богом народ.* Прочтите 1 Петра 2:4-10.

    а. Если мы – царственное священство во Христе, то в чём состоит служение, которое Бог предназначил нам исполнять? (ст. 4-5)

    б. Перечислите четыре характеристики народа Божьего.

        i.

        ii.

        iii.

        iv.

3. *По нашей вере в Христа и через крещение, мы соединились с Христом, – умерли, были погребены вместе с Ним и воскресли, – и теперь живём новой жизнью в Нём.*

    а. Прочтите Римлянам 6:3-10. Перечислите три перемены, произошедшие с нами в результате крещения во Христа.

        i.

        ii.

        iii.

    б. Если мы умерли со Христом и воскресли с Ним из мёртвых (по вере), какую силу теперь имеет над нами грех? (ст. 9-10)

    в. Как мы теперь должны относиться ко греху и его власти над нами? (ст.11-13)

4. *Иисус находится в центре жизни христианина, и мы должны подражать Ему во всём.* Прочтите Колоссянам 2:1-10.

    а. Почему Павел называет Христа «тайной Бога», Тем, в Ком сокрыты все сокровища мудрости и знания? (ст. 3-4)

    б. Как Павел побуждает колоссян относиться ко Христу теперь, когда они приняли Его, как своего Господа и Спасителя? (ст. 6-7) в. По отношению к чему христиане всегда должны быть бдительны? (ст. 8)

г. Как 10-ый стих описывает природу Христа, Богочеловека?

5. *«Во Христе» верующий получает обильные благословения.* Прочтите Ефесянам 1:3-14.

a. Перечислите хотя бы пять благословений, которыми вы обладаете, пребывая «во Христе».

i.

ii.

iii.

iv.

v.

б. Что сделал для нас Дух Святой после того, как мы уверовали в Христа (ст. 13-14)? Какова связь между даром Духа Святого и обещанными нам благословениями?

6. *Мы, бывшие некогда далеко от Бога, теперь стали близкими Ему через Христа.* Прочтите Ефесянам 2:13-22.

a. Каким образом Христос примирил верующих разных национальностей, народов и культур? (ст. 13-18)

б. Прочтите Ефесянам 2:18-22. Соедините группу людей и то, что о них говорится.

i. Сограждане святым	___	Созидаясь в Божье жилище
ii. Апостолы и пророки	___	Они – основание здания
iii. Иисус	___	Уже не чужие и не пришельцы
iv. Дух Святой	___	Краеугольный камень

7. *Бог решил явить славу Своей благодати через Свой народ – Церковь.* Прочтите Ефесянам 3:8-11. Заполните пропуски: «Бог, создавший всё, через _____ открыл многоразличную _____ Божью, чтобы она сделалась известной _____ на небесах».

8. *Великая тайна, бывшая в прошлом сокрытой Богом от человечества, теперь через свидетельство апостолов явлена всем людям, включая язычников!*

   а. Прочтите Колоссянам 1:24-29. Выберите правильный ответ. Что это за тайна, которая веками была сокрыта, а теперь явилась нам?

      i. День и час пришествия Христа

      ii. Христос в нас, упование славы

      iii. То, какой смертью умрёт Павел

   б. Почему, по вашему мнению, для верующих времён Павла, весть о том, что Христос явлен и язычникам (неевреям), казалась великим откровением?

Краткий конспект

В Новом Завете апостолы свидетельствуют о том, что каждый верующий во Христа через крещение и действие Духа Святого соединяется с Христом и Его служением. Дух Святой крестил нас во Христа, соединив нас с Его смертью, погребением, воскресением и новой жизнью. В Иисусе мы уже не навлекаем на себя гнев Божий и не живём в страхе быть наказанными за совершённые беззакония (нарушения Божьих заповедей). Во Христе Бог даровал нам новый статус и новые отношения с Ним и одарил нас многими прекрасными и благодатными благословениями.

Одним из самых прекрасных даров, который мы получили, является наше членство и место в Церкви, Теле Христа. Бог объединил нас всех во Христе и дал нам привилегию и ответственность жить и возрастать как Божья семья (1 Иоанна 3:1-3), как Тело Христово (Римлянам 12:4-8) и как храм Духа Святого (1 Коринфянам 3:16-17). В план Бога никогда не входило, чтобы мы проводили свою христианскую жизнь в изоляции, точно так же, как человеческий организм не может хорошо функционировать, имея только руки или только ноги. Нет, для того, чтобы тело нормально росло, развивалось и исполняло то, для чего оно было предназначено, важны абсолютно все органы.

Поэтому каждый верующий должен воспринимать себя как гражданина Неба, который соединён с Христом и имеет надежду на Его пришествие. При этом каждая поместная церковь может считаться посольством Царства Божьего, небесным представительством, где верующие собираются, чтобы возрастать в вере, поклоняться и вместе служить Богу. Ещё от начала христиане, под водительством Духа Святого, принимали, утверждали и отстаивали центральные положения веры и традиции, оставленные апостолами, записанные в Библии и исторически сохранившиеся в Церкви. Во всех поместных церквях мира, где только признаётся Христос как Господь и Мессия, принимают, проповедуют и чтут эту Великую традицию (основные доктрины и обряды Церкви).

Приём, приготовленный нам после обращения – это членство в Церкви, членство, которое можно воплотить только в поместной церкви, где есть пастор и реальные люди, где мы можем духовно возрастать, поклоняться и вместе служить Богу.

Приложения

В Приложениях вам необходимо изучить и обдумать следующие материалы, относящиеся к данному уроку:

Тридцать три благословения во Христе (Прил. 14)
Во Христе (Прил. 8)
Иисус из Назарета – будущее рядом с нами (Прил. 4)
Идти вперёд, оглядываясь на прошлое: к евангельскому восстановлению Великой традиции (Прил. 16)
Никейский символ веры (Прил. 24 и 25)
Апостольский символ веры (Прил. 26)

Ключевой принцип

Во Христе мы получили всякое духовное благословение (Ефесянам 1:3).

Обучающие примеры

Прочтите и поразмышляйте над следующими случаями и понятиями, запишите свои ответы и советы по разрешению этих ситуаций, основываясь на ранее изученном.

1. **«Должна ли я снова принимать крещение? Меня уже однажды крестили».** Одна новообращённая сестра обсуждала с пастором вопрос: креститься ли ей снова или нет, если она была крещена в детстве. Разумеется, когда её крестили много лет назад, она не понимала значения всего этого и не посвятила себя Христу – ей было всего лишь двенадцать лет, она понятия не имела, что такое крещение, и теперь со всей уверенностью говорит, что в тот

момент она не верила в Иисуса Христа. Что бы вы посоветовали этой женщине? Нужно ли ей снова принимать крещение, но на этот раз уже с полным осознанием значение этого, с твёрдой верой и посвящением себя Иисусу Христу как Господу и Спасителю?

2. **Мой друг говорит, что я должен провозглашать Божьи благословения. Как это соотносится с библейским учением?** Один новообращённый посещает церковь, где верующих призывают «провозглашать» Божьи благословения, касающиеся нашей жизни, материальных нужд, здоровья и помощи в трудных ситуациях. Фокус, в основном, на физических нуждах (деньги, здоровье, имущество), а духовным благословениям «во Христе» уделяется мало внимания. Какая связь между Божьими обещаниями дать нам духовные благословения во Христе (см., например, Ефесянам 1:3) и широко распространённым учением многих церквей о провозглашении Божьих благословений в сфере физических потребностей (например, как в «евангелии процветания»)? Как правильно расставлять акценты относительно Божьих благословений и Его заботы о нас в сфере духовных и физических потребностей?

3. **Я не могу восполнить все свои духовные нужды в одной церкви. Я беру от каждой понемногу: поклонение – в одной, учение – в другой, а общение – в третьей.** Это нормально? «Церковный туризм» – достаточно частое явление среди верующих в наше время. Уверенные в том, что они не могут получить всё необходимое, посещая только одну церковь, многие начинают ходить из одной церкви к другую в поисках разных программ, учений и форм поклонения. В нашей потребительской культуре, где любой запрос потребителя должен быть удовлетворён любыми путями, верующие начали применять такую логику и к посещению церкви. Обычно это объясняют тем, что ни одна церковь не может полностью удовлетворить все духовные потребности верующих и их семей. Те, кто придерживаются такого мнения, говорят, что поклоняясь в одной церкви, слушая проповедь в другой и посещая домашнюю группу в третьей, они стараются взять всё самое лучшее. Почему «церковный туризм» – не самый лучший выбор, когда есть одна здоровая поместная церковь, выполняющая роль посольства Божьего Царства?

Практическое применение

Уделите на этой неделе время тому, чтобы ещё раз просмотреть отрывки из Библии, говорящие о благословениях, которые вы имеете, как крещённый христианин. Как вы можете о них размышлять или провозглашать их, если вы не знаете, что они из себя представляют, и какое значение они имеют для жизни христианина? Изучите библейские стихи из приложения «Тридцать три благословения во

Христе» и уясните для себя эти истины. Чем лучше вы понимаете, что дал вам Бог, тем легче вам укреплять себя этими истинами и основывать на них свои молитвы прошения и благодарения.

Если вы до сих пор не присоединились ни к одной поместной церкви (другими словами, к посольству Небесного Царства), то просите Бога в ближайшее время направить вас в то место (а не места!), где Он хочет вас видеть. Вам нуждаетесь в хорошем пасторском руководстве, общении с другими зрелыми верующими и в возможностях применить свои дары для служения и наставления других. Важно не просто стать постоянным прихожанином общины, но и постараться понять, что значит быть её членом, живой частью тела, состоящего из многих людей. Не беспокойтесь, если в начале вы почувствуете себя неловко или одиноко; продолжайте своё активное участие и верьте, что Бог поможет вам найти друзей и своё место в служении. Бог направит вас, и если вы будете терпеливы, вы принесёте много плодов (Галатам 6:7-9).

Утверждение

Благодаря крещению в Иисуса Христа, я разделяю все благословения, славу, надежду и страдания Христа вместе со всеми христианами всех времён и народов.

Молитва

Билли Сандей, известный бейсболист Национальной лиги в 1880-ые годы, стал влиятельным и популярным евангелистом первых двух десятилетий 20-го века. В больших городах Америки его проповеди на массовых евангелизациях привлекали много людей. В одной из своих известных проповедей о всеобъемлющей полноте Христа, Билли Сандей возблагодарил Бога следующими словами.*

* Один из сайтов приписывает эти слова Святому Патрику, другие источники утверждают, что их автор неизвестен, а некоторые называют Билли Сандея.

Христос – моё всё

Христос в болезни, Христос в здравии,
Христос в бедности, Христос в богатстве,
Христос в радости и печали,
Христос в сегодняшнем и в завтрашнем дне.

Христос – мой свет и моя жизнь,
Моё утро, день и ночь,
Когда всё вокруг колеблется,
Христос – моё вечное пристанище.

Христос – мой отдых, моя пища,
Христос превыше величайшего блага;
Христос – мой Возлюбленный, мой Друг,
Моя бесконечная отрада.

Христос – мой Спаситель и мой Господь,
Христос – мой удел, Христос – мой Бог;
Он – мой Пастырь, я – Его овца,
Он – Хранитель моей души.

Христос – мой Вождь, мой мир,
Он освободил мою душу;
Христос – моё Божественное оправдание,
Он – всё для меня, потому что Он – мой.

Христос – моя мудрость, моё пропитание,
Он возвращает меня на верный путь;
Христос – мой Заступник и Священник,
Тот, Кто не забывает малых мира сего.

Христос – мой Учитель и Наставник,
Он – моя Скала, во Христе я сокроюсь;
Христос – вечный Хлеб,
Тот, Кто пролил Свою драгоценную кровь.

Христос приблизил нас к Богу,
Христос – вечное Слово;
Христос – мой Господь, мой Глава,
Он – Тот, Кто истекал кровью за мои грехи;

Христос – моя Слава, мой Венец,
Он – Великая Отрасль;
Христос – мой небесный Утешитель,
В Нём я никогда не потеряю надежду.

~ Рой Зак. Сборник афоризмов для ораторов: 4500 иллюстраций и афоризмов на все
случаи жизни (пер. с англ. – H.W.S. *The Speakers Quote Book:
Over 4500 Illustration and Quotations for All Occasions.*
Roy B. Zuck, Grand Rapids, MI: Kregel Publications, 1997, p.57)

**Крик души к
Господу**

Вечный Бог, Бог и Отец Господа моего Иисуса Христа, благодарю
Тебя за то, что Ты сделал меня единым со Христом. Благодарю Тебе,
Господь, за все чудесные дары и благословения, данные мне во Христе,
и особенно благодарю Тебя за великое благословение быть частью
Твоего народа – Церкви, Тела Христового. По вере Ты соединил
меня со всеми верующими и даровал мне честь и обязанность жить
вместе с ними, возрастать и служить вместе в поместной церкви,
живой общине, являющейся Твоей семьёй, Телом Христа и храмом
Духа Святого. Знать Тебя значит любить Твой народ, так как Ты есть
любовь.

Я знаю, что Ты желаешь, чтобы я не проводил мою христианскую жизнь изолировано и не боролся за веру в одиночестве. Направь меня в ту поместную церковь, где Ты хочешь, чтобы я возрастал под руководством такого пастора, через какого Ты позаботишься о моей душе, и где будут другие христиане — мои соратники, вместе с которыми я смогу служить своими дарами, свидетельствуя ближним о Твоей любви. Благодарю Тебя за Твою церковь. Помоги мне приносить плоды и быть добрым членом Твоей церкви, возрастая в общении с верующими. Во имя Иисуса Христа, аминь.

Для дальнейшего изучения	*На сайте **www.tumi.org/sacredroots** есть раздел с дополнительными видео- и текстовыми материалами.*

Джон Элдридж. Великий Эпос: история, которую рассказывает Бог («Виссон», 2012)

Для следующего занятия	На следующем занятии вы будете проходить урок *«Данный нам дар»*, затрагивающий три темы:

1. Каждому верующему Дух Святой даёт дары для служения Телу Христа.
2. Во Христе нам дана свобода использовать наши дары.
3. Мы получаем силу для совместного возрастании в единстве.

Библейский стих для запоминания	Ефесянам 1:3

Задания	

1. Выразите Богу благодарность за всё, что Он для вас сделал, в форме письма или стихотворения.
2. Прочтите Никейский символ веры, находящийся в Приложениях. Выпишите из него в блокнот основные истины о Божьей армии, в которую вы были приняты.
3. Побеседуйте с более опытным в вере членом церкви и спросите, как церковь помогла ему преодолевать проблемы, которые он не смог бы разрешить в одиночку.

ДАННЫЙ НАМ ДАР
Роль Святого Духа в доблестном сражении за веру

> Бог наделил церковь дарами, сделав одних апостолами, других пророками, иных евангелистами*, учителями или пастырями* для того, чтобы снарядить верующих для служения и созидания Тела Христова. Бог хочет, чтобы все мы пришли в единство веры и близкого познания Христа, Сына Божьего, достигнув духовной зрелости в меру полноты самого Христа. Воля Бога состоит в том, чтобы мы больше не вели себя как младенцы, увлекаемые всяким ветром лжеучений, которыми искусно обольщают лукавые люди, надеясь обманом ввести нас в заблуждение. Вместо этого Он желает, чтобы мы научились говорить истину с любовью, во всём возрастая в Того, кто является Главой Тела, состоящего из верующих – в самого Иисуса Христа.
>
> ~ Павел к Ефесянам (Ефесянам 4:11-15)

Цели урока

По окончании этого занятия на тему *«Данный нам дар»* вы узнаете, что:

- Дух Святой живёт в каждом верующем и каждому даёт дары для служения в Теле Христа.
- Во Христе мы имеем свободу использовать свои дары тогда, когда Дух Святой предоставляет нам возможности для служения.
- Под водительством Духа, используя Его силу и дары, мы имеем достаточно ресурсов для жизни в тесном общении с другими верующими в церкви и для совместного духовного возрастания в единстве.

Молитва о мудрости

Вечный Господь, мой Отец, Ты в Своём Слове говоришь, что Ты – источник всякого знания и мудрости. Я признаю эту истину, дорогой Отец, и прошу: дай мне Твоей божественной мудрости, чтобы я мог верно преподавать слово истины (2 Тим. 2:15). Прошу, вразуми меня и наставь на путь, по которому я должен идти (Пс. 31:8), и руководи

....

***Евангелистами** называют служителей, имеющих духовный дар доступно объяснять Евангелие неверующим людям. Хотя распространять Евангелие призваны все верующие, некоторые имеют особый дар в этом отношении и активно помогают созидать Тело Христово.

***Пасторы** – это пастухи, избранные для того, чтобы заботиться о стаде, т.е. о поместной церкви. Пасторы должны защищать свою паству, преподавая ей библейские истины, помогая духовными советами и ободрением, предупреждая об опасностях и направляя свою паству к служению Богу в окружающем мире.

мною. Помоги мне услышать Твой голос, исправь то, что я думаю и говорю неправильно, и направь меня на правильный путь, если я заблуждаюсь.

Отец, дай мне дар различения духов и способность различать учения, духов и дары, от Бога ли они. Открой мне Свою волю через Духа Святого и помоги мне понять, как мне её исполнить от всего сердца.

Дорогой Господь, помоги мне, пожалуйста, быть скорым на слушание и медленным на слова, медленным на гнев (Иак. 1:19). Да будут слова моих уст и мысли моего сердца угодными в Твоих очах. Помоги мне с мудростью говорить Твои истины, чтобы слушающие меня поняли их, и они оказались бы им полезными.

Учи меня во время этого занятия, когда я буду принимать Твоё слово и наставление. Прошу об этом всём во имя сильное Иисуса Христа, моего Господа и Спасителя. Аминь!

Связь

1. **«Правда ли, что время апостолов и других духовных лидеров прошло?»** На библейском уроке по Посланию к Ефесянам один новообращённый, читая Ефесянам 4:11-15, спросил: «Я думал, что сейчас в Церкви уже нет апостолов, пророков и тому подобного. Что означает этот текст? Разве в наших церквях сегодня есть люди, исполняющие функции апостолов и пророков? Если да, то где же они? Если я правильно понимаю то, что говорит апостол Павел, Бог дал нам этих людей, чтобы они научили нас служить ближним. Это очень здорово!» Как вы думаете, что значит этот текст сегодня? Продолжает ли Бог наделять Своими дарами лидеров Церкви для того, чтобы христиане могли успешно служить в этом мире?

2. **«Я практически не знаком со своим пастором».** На одной из молитвенных встреч для мужчин зашёл разговор о необходимости быть под пасторским водительством и руководством. Один человек сказал: «Да, Бог дал нам пасторов, чтобы они ограждали нас от лжеучений и духовных опасностей. Они являются теми, кого Бог наделил ответственностью заботиться об овцах Христа, чтобы они были хорошо накормлены, здоровы и готовы к служению». А другой новообращённый ответил ему: «Я вижу, что вы хотите сказать, но, честно говоря, лично я не могу этого понять. Я лишь однажды разговаривал с нашим пастором, но это было давно, когда я в первый раз пришёл в церковь. Я его совсем не знаю. Как он может меня наставлять, если мы совсем не знакомы?» Что вы можете посоветовать этому новообращённому? Что, на ваш взгляд, думает Бог об этой ситуации, и как Он хотел бы, чтобы поступил этот человек?

3. **«Откуда вы знаете, что вы исполнены Духом Святым?»** Одну новообращённую христианку обеспокоил разговор в автобусе с человеком, назвавшим себя пятидесятником. Этот человек сказал ей, что она должна принять Духа Святого через «крещение Духом» с последующим за ним *даром языков**. Молодая сестра ответила ему: «На прошлой неделе я изучала на библейском уроке, что каждый, кто покается и поверит в Иисуса Христа, будет сразу же запечатлён Духом Святым, и Он поселится в человеке в момент уверования. Ещё мы учили, что Дух даёт нам дары для служения другим верующим в Теле Христа, и дар языков – всего лишь один из многих даров. Разве должен каждый верующий иметь все дары? Как бы это тогда работало?» Теперь эта сестра хочет больше узнать о Духе Святом: что ей нужно сделать?

Содержание

На прошлом занятии (**«*Нам приготовлен приём*»**) мы узнали, что когда мы уверовали в Иисуса, мы были крещены во Христа и унаследовали в Нём множество благословений. Теперь мы рассмотрим, что говорит Библия о Духе Святом, о Его работе и благословениях в жизни верующих, и увидим, что Он даёт особые дары и способности, которые помогают возрастать и укрепляться в нашем хождении перед Богом, когда мы являемся частью Его Истории и доблестно сражаемся за веру.

Дух Святой является залогом нашего будущего наследия, которое мы, как христиане, получим в момент Второго пришествия Христа и установления Его Царства. Дух Святой наделяет каждого верующего духовными дарами для назидания других членов Тела Христа в поместных церквях. Дух Святой пребывает в каждом верующем и никого не обходит стороной, потому что Тело нуждается во всех своих органах и в их хорошем функционировании. По Своей благодати Бог даёт нам прощение, свободу от греха, осуждения и чувства вины, чтобы мы имели смелость и дерзновение служить другим во имя Христа. Он помогает нам духовно возрастать, когда мы размышляем над Словом Божьим (богословие), прославляем Его имя через Слово и принятие Вечери (поклонение), духовно развиваемся в общении с

....

*Дар языков – в момент рождения Церкви, момент, ознаменованный снисхождением Духа Святого (Деяния 2), верующие получили духовные дары, в числе которых способность говорить на языках, которых они до этого не знали. Этот дар упоминается в Новом Завете, как предназначенный для назидания верующих (1 Коринфянам 12:1-31), тогда как в других случаях верующие начинали говорить на неизвестных им языках прямо в момент уверования во Христа (Деяния 10:44-46). В наше время некоторые церкви полагают, что каждый христианин должен иметь дар языков, в то время как другие церкви считают, что Дух Святой даёт этот дар только некоторым верующим. Существует и такие церкви, где верят, что дар языков был предназначен только для времён первой церкви, и что сегодня этот дар верующим не даётся.

другими учениками Христа (ученичество) и распространяем Евангелие словом и делом (свидетельство).

Возрастая в своём умении прославлять Бога и сражаться за веру, мы приходим к христианской зрелости и становимся способными назидать других верующих. Чем больше верующие духовно возрастают, тем больше в церкви единства, угодного Христу.

> Дух Святой является представителем Бога. Он являет Его истины. Это означает, что все наши помышления и действия, вдохновлённые Духом Святым, находятся в согласии с истинами Слова Божьего. Дух никогда не поведёт нас по пути, противоречащему Писанию. Он не будет и не может этого делать. Он представляет и прославляет личность Иисуса Христа. Он открывает нам характер и пути Божьи.
>
> Поэтому когда вам кажется, что вас ведёт Дух Святой, задайте себе следующий вопрос: «Соответствует ли это библейским истинам?» Если нет, то отправьте такие мысли подальше. Все мы умеем придумывать и заблуждаться. Вспомните совет Павла пленять всякое помышление в послушание Христу. Если ваши мысли не согласуются с Писанием, они не от Духа – от них нужно избавиться.
>
> ~ Дженнифер Ротшильд.
> Беседа с собой, разговор с душой: что говорить самому себе
> (пер. с англ. – Jennifer Rothschild.
> *Self Talk, Soul Talk: What to Say When You Talk to Yourself*.
> Eugene, OR: Harvest House Publishers, 2001, pp. 54-55)

Данный нам дар
Урок 4 Изучение Библии
Прочтите следующие отрывки из Писания и кратко ответьте на вопросы по каждой библейской истине.

1. *Иисус молился за нас и за всех, кто поверит в Него как в Господа и Спасителя.* Прочтите Иоанна 17:20-26. Запишите три пункта, о чём Иисус просил за нас Отца.

   а.

   б.

   в.

2. *Дух Святой теперь пребывает (живёт) в каждом христианине, который покаялся и уверовал в Иисуса Христа.* Прочтите Римлянам 8:9-17 и ответьте на следующие вопросы:

    а. Можно ли иметь спасение во Христе, но не иметь Духа Святого? (ст. 9-10)

    б. Каким образом верующие будут воскрешены из мёртвых? (ст.11)

    в. Как мы узнаём настоящих детей Божьих? (ст. 14-15)

    г. Как Дух удостоверяет нас, что мы принадлежим Богу? (ст. 16-17)

3. *Бог Отец по Своей благодати дал нам духовные дары Духа Святого для созидания Тела Христового.* Прочтите Римлянам 12:3-8. Перечислите некоторые из даров Духа Святого, упомянутые в этом отрывке.

    а.

    б.

    в.

    г.

    д.

4. *Существует множество различных даров, служений и видов деятельности, даваемых Духом Святым, но всеми этими неповторимыми дарами каждый христианин наделяется для того, чтобы назидать других верующих.* Прочтите 1 Коринфянам 12:4-11. Выберите правильный ответ:

    а. Духовные дары даны верующим для того, чтобы они имели о себе хорошее мнение.

    б. Духовные дары даются в целях общего блага.

    в. Верующие могут сами выбирать себе дары.

    г. Некоторые люди не получили никакого дара.

5. *Верующие должны верно служить теми чудесными дарами, какими Бог наделил их по Своей благодати, используя их так, чтобы Сам Господь был прославлен через Иисуса Христа.* Прочтите 1 Петра 4:7-11. Из вариантов, предложенных справа, подберите окончание фраз, записанных слева.

   а. Любите друг друга   ___по силе, какую даёт Бог

   б. Будьте гостеприимны   ___покрывает множество грехов

   в. Служите свои даром   ___говорите, как слова Божьи

   г. Если говорите   ___без ропота

   д. Служите   ___друг другу, как домостроители Божьей благодати

6. *Дух Святой провозглашает нас свободными от вины и осуждения. Он даёт нам силу угождать Богу, а не использовать эту свободу для того, чтобы делать всё, что хочется.* Прочтите Галатам 5:13-16. Заполните пропуски.

   а. Вы были призваны к _____.

   б. Не используйте свою свободу как повод _____, но_____ друг другу.

7. *У нас есть выбор: жить, делая то, что хочет Дух Святой, или прислушиваться к голосу своей старой греховной природы. Что бы мы ни выбрали, результат будет налицо.* Прочтите Галатам 5:16-24 и ответьте на вопросы («да» или «нет»):

   а. «Да» / «Нет». Если мы поступаем по Духу, то не будем исполнять желаний плоти.

   б. «Да» / «Нет». И Дух Святой, и наша плоть имеют одинаковое понимание о том, что хорошо, а что плохо.

   в. «Да» / «Нет». Дела плоти сокрыты, в то время как плоды Духа видны ясно.

8. *Христос пообещал послать Духа Святого, чтобы Он помогал верующим служить в этом мире.* Прочтите Иоанна 16:5-15. Перечислите хотя бы три вещи, обещанные Христом, которые Дух Святой будет делать для нас.

   а.

   б.

   в.

9. *Верующий призван во всём слушаться Духа Святого, подчиняясь Его Слову и указаниям.* Прочтите следующие отрывки из Писаний и опишите, какая у нас должна быть реакция на Дух Святой.

   а.   Римлянам 8:22-27

   б.   Ефесянам 4:30

   в.   Галатам 5:16

   г.   Ефесянам 5:18

   д.   1 Фессалоникийцам 5:19

10. *Господь приготовил одарённых людей, задачей которых является укреплять и наставлять Тело Христово.* Прочтите Ефесянам 4:11-15. Каких духовных лидеров назначил Бог для Церкви, чтобы она возрастала в полноту Христа?

11. *Святой Дух открывает нам духовные истины и наполняет нас полнотой Божьей.* Прочтите Ефесянам 3:16-19. Запишите три действия Духа Святого, о которых молился Павел, чтобы Дух Святой совершал их в нас.

   а.

   б.

   в.

Краткий
конспект

Христос молился о нас и о всех, кто поверит в Него как в своего Господа и Спасителя. Он пообещал, что пошлёт Духа Святого, который будет пребывать в нас. В настоящее время Дух Святой пребывает (живёт) внутри каждого, кто покаялся и уверовал в Иисуса Христа. Каждого христианина Он наделяет особыми дарами и способностями для созидания верующих во Христе и для их духовного возрастания.

Дух Святой, воистину, является залогом будущего наследия, которое верующие получат в момент Второго пришествия Христа и установления Его Царства. По своей благодати Бог Отец наделил каждого верующего духовными дарами Духа Святого для укрепления и созидания Своего народа. Хотя дары и служения Духа Святого бывают различными, каждый христианин получает их для служения другим верующим. Дары имеет каждый христианин, и каждый призван служить им в Теле Христовом, к его возрастанию и укреплению.

Мы призваны верно служить Богу теми чудесными дарами, которыми Он наделил нас по Своей благодати, используя их для прославления Бога через Иисуса Христа. Мы призваны свободно жить в Духе, не как рабы своей старой греховной плоти, а как те, через кого действует Дух Святой, принося плод. Нам лишь нужно покориться Ему и быть Ему во всём послушными.

Приложения

В Приложениях вам необходимо изучить и обдумать следующие материалы, относящиеся к данному уроку:

Наша декларация зависимости: свобода во Христе (Прил. 9)
Иисус из Назарета – будущее рядом с нами (Прил. 4)

Флейту, корнет или волынку заставляет звучать движение одного и того же воздуха, но каждый инструмент звучит по-разному. Подобным образом, в нас, детях Божьих, действует один и тот же Дух, но результаты получаются различными, в зависимости от темперамента и личности каждого из нас, и это приносит славу Богу.

~ Саду Сундар Синг. Духовная классика. Новое издание. Избранные тексты для чтения индивидуально и в группах (под ред. Ричарда Фостера и Джеймса Брайана Смита) (пер. с англ. – Sadhu Sandar Singh. Richard J. Foster and James Bryan Smith, Eds. *Devotional Classics: Revised Edition: Selected Readings for Individuals and Groups.* Renovare, Inc. (HarperCollins Publishers), New York. 1993, p. 291)

Ключевой принцип	**Бог производит в нас и желание служить Ему, и действие по Своему изволению** (Филиппийцам 2:13).
Обучающие примеры	Прочтите и поразмышляйте над следующими случаями и понятиями, запишите свои ответы и советы по разрешению этих ситуаций, основываясь на ранее изученном.

1. **Может ли Дух Святой покинуть верующего?** Время от времени каждый верующий сталкивается с искушением усомниться в своём спасении или даже думает, что Дух Святой его оставил. Иногда учат, что покаявшийся и верующий в Христа человек может из-за своевольного непослушания Богу начать вести себя так, как будто он больше не является чадом Божьим. Просмотрите следующие отрывки из Писаний и ответьте на вопрос: может ли Дух Святой покинуть верующего?

    а. 1 Иоанна 5:11-13:

    б. Ефесянам 1:13-14:

    в. Римлянам 8:31-39:

2. **Как узнать, что что-то исходит от Духа, а не от меня?** Одна из главных задач любого верующего – контролировать свои мысли и чувства. Хоть мы и были спасены и принадлежим Иисусу Христу, враг по-прежнему может влиять на наши мысли и предлагать нам то, что не принесёт нам благо и не исходит от Господа. Не каждая мысль, приходящая в голову, исходит от Господа! Сатана – лжец и обманщик (Иоанна 8:44), но мы можем побеждать его, потому что Дух Святой, живущий в нас, сильнее его (Иоанна 4:4)!

    Мы можем, подражая нашему Господу, противостоять дьяволу посредством Слова Божьего и отвергать ненужные мысли, приходящие в голову (Римлянам 12:1-2; 2 Коринфянам 10:3-5). Прочтите историю об искушении Иисуса Христа дьяволом и заметьте, как Он отвечал на дьявольскую ложь цитатами из Слова Божьего. Вы можете последовать Его примеру (Матфея 4:1-11).

3. **Какова связь между Духом Святым и Словом Божьим?** Самый надёжный и эффективный способ научиться слышать Духа Святого – это изучать Божье Слово. Библия утверждает, что все авторы Святых Писаний были водимы Духом Святым, и всё написанное исходило от Самого Бога (2 Петра 1:21, 2 Тимофею 3:15-17). Чем больше мы слушаем проповеди, читаем Библию, запоминаем библейские стихи и изучаем Писание, тем лучше мы узнаём голос

Духа Святого. Христианским оружием против лжи является Слово Божие, «меч духовный» (Ефесянам 6:17). Почему так важно сравнивать всё, что мы слышим, с тем, что учит Библия, меч Духа (1Фессалоникийцам 5:19-21)?

Практическое применение

Вам, как новообращённому христианину, который хочет расти, очень важно осознавать, что вы имеете дар Духа Святого, получаемый каждым верующим во Христа. «В последний великий день праздника Иисус встал на ноги и возгласил: «Кто жаждет, иди ко Мне и пей, кто верует в Меня, у того, как сказано в Писании, «из сердца потекут реки воды живой». Это Он сказал о Духе, Которого должны были принять верующие в Него, так как Дух Святой ещё не был дан им, потому что Иисус ещё не был прославлен» (Иоанна 7:37-39). Как верующий, вы были запечатлены Духом Святым на день пришествия Иисуса Христа для искупления вашего (Ефесянам 1:13-14). В определённый момент времени Бог послал Сына Своего искупить нас, чтобы мы, верующие, могли быть приняты в Его семью как Его дети. И теперь, потому, что мы – дети Его, Бог послал нам Духа Иисуса, который взывает в наших сердцах: «Авва! Отец!» (Галатам 4:6-7).

Дух Святой призвал нас к свободе, к хождению в Его силе, к изучению Его Слова, которое приносит благословение. Мы призваны жить, как свободные от осуждения, вины и упрёков. Мы не должны больше возвращаться на свои эгоистичные, греховные пути. Теперь мы можем научиться думать по-новому, жить по-новому и относиться к людям по-новому. Благодаря тому, что в вас живёт Дух Святой, вы больше не рабы своей старой греховной природы. У вас появился выбор: жить по Духу или следовать побуждениям своей греховной природы. Что бы мы ни выбрали, плоды этого выбора не заставят себя ждать (Галатам 6:7-9).

Выбирайте жизнь! Ходите по Духу, а не по плоти. Просите Духа укреплять вас. Пребывайте в Его Слове (Библии) и в постоянном общении с Ним. Немедленно повинуйтесь всему, что Он повелевает вам, и не унывайте. Чем больше вы стараетесь «пребывать в Духе Святом», тем легче вам будет слышать Его голос, слушаться Его и следовать за Ним.

Утверждение

Во мне живёт Дух Святой, направляя меня и даруя мне силу служить Ему свободно и уверенно, чтобы Церковь духовно возрастала в единстве во славу Божью.

Молитва

Иоанн Златоуст (Хризостом) (349-407 гг.) был выдающимся духовным лидером первой Церкви, признанным оратором и проповедником. Отсюда и происхождение его имени – «Хризостом» (греч. «хризостомос» – «золотые уста»).

Молитва о милости, Литургия Иоанна Златоуста

В мире Господу помолимся.

Господи, помилуй.

О мире свыше и о спасении душ наших Господу помолимся.

Господи, помилуй.

О мире всего мира, благоденствии святых Божиих церквей и о соединении всех Господу помолимся.

Господи, помилуй.

О святом храме сем и о всех, с верою, благоговением и страхом Божиим входящих в него, Господу помолимся.

О нашем [пресвитерстве и всём] священстве и о людях, верных своему служению, Господу помолимся.

Господи, помилуй.

О Богохранимой стране нашей, властях и воинстве её Господу помолимся.

Господи, помилуй.

О городе этом, о всяком городе и стране и о верою живущих в них Господу помолимся.

Господи, помилуй. Аминь.

~ Роджер Геффен. Сборник общественных молитв (пер. с англ. – Roger Geffen. *The Handbook of Public Prayer*. p. 115)

Крик души к Господу

О, Дух Божий, Дух Отца и Сына Его Иисуса Христа, Ты есть Бог, третья Личность Троицы. Ты – Дух истины, любви и святости, и мы знаем, что Ты был послан Отцом по просьбе Господа Иисуса. Ты сошёл на меня, так как я доверился Иисусу, и теперь я прославляю Тебя и люблю Тебя всем своим сердцем. Благодарю Тебя за то, что Ты живёшь во мне, что Ты запечатлел меня, как принадлежащего Богу, и что Ты учишь меня Слову Божьему, чтобы я познавал Бога и искал Его, как свет мой и крепость. Ты – моя сила.

Наполни моё сердце любовью к Богу и страхом Господним. Веди меня Господними путями и помоги мне побеждать плотские, греховные желания или искушение ослушаться Твоей воли. Даруй мне терпение и ясность мышления, чтобы я не впал в грех, и умножь во мне веру, чтобы я прилеплялся к Тебе, зависел от Тебя и через Тебя становился всё более похожим на Иисуса Христа. Измени мою жизнь так, чтобы она стала святой – чтобы я жил той жизнью, к какой Ты меня призвал, и прошу, Отец Небесный, помоги мне угождать Тебе во всём. Ты – мой источник, который вместе с Иисусом Христом и Духом Святым царствует, как единый Бог. Во имя Иисуса Христа, моего Господа, аминь.

Для дальнейшего изучения

На сайте www.tumi.org/sacredroots есть раздел с дополнительными видео- и текстовыми материалами.

На сайте www.tumiproductions.bandcamp.com вы можете скачать песню «Spirit God» – гимн о нашем искании силы Духа Святого в своей жизни.

Foster, Richard J. and James Bryan Smith Eds. *Devotional Classics: Revised Edition: Selected Readings for Individuals and Groups*. Renovare, Inc. (HarperCollins Publishers), New York. 1993.

Для следующего занятия

На следующем занятии вы будете проходить урок *«Наше отличие»*, затрагивающий три темы:
1. Мы должны подражать Богу, как Его возлюбленные дети.
2. Представляя Бога, как Его посланники, мы должны быть святым, благодарным народом.
3. Мы призваны жить в любви и служить друг другу.

Библейский стих для запоминания

Филиппийцам 2:13

Задания

1. Попросите кого-нибудь из руководства церкви встретиться с вами, чтобы вам узнать, где бы вы могли послужить в своей церкви.
2. Спросите у двух зрелых членов церкви, каковы их духовные дары, и как они их в себе раскрыли.
3. Найдите своё служение в поместной церкви и приступите к нему.

НАШЕ ОТЛИЧИЕ
Что означает быть святым народом Божьим и посланниками Христа в этом мире

Итак, мы обязаны подражать Богу, как Его возлюбленные дети, о которых Он радуется. И мы должны учиться жить в любви, равно как и Христос возлюбил нас и отдал за нас Свою жизнь, как приятное благоухание и жертву Богу. А разврат, безнравственность или *любостяжательство** не должны даже упоминаться среди вас, так как это не прилично избранным Божьим, *святым** Его. Между вами не должно быть никакого сквернословия, пустых разговоров и глупых шуток – всё это несовместимо с вашим призванием. Напротив, ваша речь должна быть полна словами благодарности и признательности. Ибо знайте, что никакой развратник или безнравственный, или жадный (это то же самое, что *идолопоклонник**) не имеет ни места, ни титула наследника в Царстве Христа и Бога Отца.

~ Павел к Ефесянам (Ефесянам 5:1-5)

Цели урока

По окончании этого занятия на тему *«Наше отличие»* вы узнаете, что:
- мы должны подражать Богу как Его возлюбленные дети;
- как святые во Христе, мы должны быть святым, благодарным народом для того, чтобы показать миру Бога;

....

*любостяжательство – это сильное желание человека обладать чем-то или кем-то, принадлежащим другому человеку. Это означает не просто желать чего-то, но гореть безумной жаждой, которая исходит из эгоизма и дерзкого пренебрежения волей Божьей.

*святые – это люди, принадлежащие Богу, отделённые от мира, служащие и поклоняющиеся Ему. Часто этим словом ошибочно называют того, чьё поведение очень хорошее и религиозное. Но слова «святой», «освящение» и «освящать» все основаны на одной идее: отделять что-то для особой цели. Например, если у вас есть платье или туфли, которые вы носите только по особым случаям, можно сказать, что эта одежда «отделена» (освящена) для таких особых случаев. Точно так же «святые» – это обычные люди, которые отделены Богом для служения и поклонения Ему.

*идолопоклонник – это тот, кто поклоняется творению, а не Творцу. Люди, гонимые желанием хорошей беспроблемной жизни, пробуют контролировать жизненные обстоятельства, задабривая силы, непостижимые для них. Так, люди поклоняются богу дождя, погоды, войны, вместо того чтобы довериться Творцу. Некоторые хотят добиться чего-то для себя и возлагают все свои надежды на общественные системы: капитализм, образование, религиозную деятельность или милитаризм. Отсюда, идолопоклонник – это всякий, кто ищет удовлетворения своих нужд где угодно, только не у Бога.

- как посланники Бога, мы должны делиться Благой Вестью о спасении со своими близкими, друзьями и соседями, показывая людям любовь Христа через своё служение им.

Молитва о мудрости

Вечный Господь, мой Отец, Ты в Своём Слове говоришь, что Ты – источник всякого знания и мудрости. Я признаю эту истину, дорогой Отец, и прошу: дай мне Твоей божественной мудрости, чтобы я мог верно преподавать слово истины (2 Тим. 2:15). Прошу, вразуми меня и наставь на путь, по которому я должен идти (Пс. 31:8), и руководи мною. Помоги мне услышать Твой голос, исправь то, что я думаю и говорю неправильно, и направь меня на правильный путь, если я заблуждаюсь.

Отец, дай мне дар различения духов и способность различать учения, духов и дары, от Бога ли они. Открой мне Свою волю через Духа Святого и помоги мне понять, как мне её исполнить от всего сердца.

Дорогой Господь, помоги мне, пожалуйста, быть скорым на слушание и медленным на слова, медленным на гнев (Иак. 1:19). Да будут слова моих уст и мысли моего сердца угодными в Твоих очах. Помоги мне с мудростью говорить Твои истины, чтобы слушающие меня поняли их, и они оказались бы им полезными.

Учи меня во время этого занятия, когда я буду принимать Твоё слово и наставление. Прошу об этом всём во имя сильное Иисуса Христа, моего Господа и Спасителя. Аминь!

Связь

1. **«Откуда я возьму силы быть, как Он?»** В прошлом этот молодой христианин был частью расистской группировки, которая ненавидела «белых». Всё, что они делали, говорили, всё, к чему стремились – всё было направлено на то, чтобы наказать «белых» людей за их поведение по отношению к другим на протяжении всей истории. Пользуясь любым подходящим случаем унизить «белых» или сделать им больно, группировка стремилась отомстить «белым» за насилие и боль, причинённые людям. Покаявшись и уверовав в Иисуса Христа, этот молодой человек вышел из группировки и перестал ненавидеть «белых», но его мучил вопрос, как удержаться от того, чтобы не вернуться к своему прошлому образу жизни и поведения, которые так долго были ему привычными.

Борясь с этими мыслями, он через какое-то время сказал: «Я не хочу возвращаться к старому, и я понимаю, что Господь хочет, чтобы я был похожим на Него, но где мне взять для этого силы?» Что бы вы посоветовали этому новообращённому в данной ситуации?

2. **«Я никогда не был святошей и, думаю, никогда не смогу им стать. Я и святой?!»** На одном из библейских уроков с новообращённым человеком среднего возраста мы дошли до учения о том, что Бог призывает всех христиан к святости. Писание ясно говорит, что мы должны действовать и вести себя так, чтобы окружающие люди видели в нас Бога. Мы должны жить, как избранные Богом для особой цели, как Его народ – свято и с благодарностью. И этот новообращённый никак не мог понять, как он может таким стать после всего, что сделал в жизни до покаяния. Он был шокирован тем, что Бог называет Его святым. Как можно называть нас «святыми», учитывая нашу прошлую греховную жизнь?

3. **«Быть христианином – это как быть «тайным агентом» Царства Божьего!»** Возможно, вы смотрели шпионские фильмы, в которых тайный агент какого-либо государства просачивается в определённые круги и служит там интересам своей страны. Или, быть может, вы слышали, как в новостях выступал какой-нибудь посол, представляющий позицию своей страны по тому или иному вопросу, и объяснял другим взгляды и политику своей державы. Во время такого выступления он говорил от имени всей страны, так, как если бы весь его народ присутствовал там и высказывал свою точку зрения. Как библейский образ посланника помогает нам понять свою роль в семье, в отношениях с друзьями, коллегами, соседями? Что значит служить Богу, выполняя роль посланника Его Царства?

Содержание

На прошлом уроке *(«Данный нам дар»)* вы узнали, что после того, как вы получили спасение, Бог Дух Святой дал вам дар(ы) для служения на благо Тела Христового. А теперь мы более подробно рассмотрим, как Бог хочет использовать вас различными способами, чтобы вы могли показать Бога миру, доблестно сражаясь за веру.

Теперь, когда мы стали детьми Самого Бога по вере в Иисуса Христа (1 Иоанна 3:1-3), мы призваны быть похожими на Него, подражать Его характеру, поступать, как Он, любить других людей, как если бы Он Сам жил через нас здесь, на земле. Библия называет нас «святыми», избранными Божьими, получившими оправдание по вере в Иисуса Христа, ставшими святыми и очищенными от греха кровью Христа. Бог желает нашего *освящения* (отделения от мира для исполнения Его воли и подчинения Ему), и чтобы это проявлялось во всех сферах нашей жизни – в мыслях и взглядах, в речи, поведении, в наших отношениях с людьми – мы должны показывать окружающим, что принадлежим Христу, и что Он правит среди нас – в Церкви.

Как верующие, проходя через различные жизненные ситуации, мы должны *взять на себя* роль священства и позволить Духу Святому со временем преобразовать нас в тех, кем мы уже являемся в глазах Отца. Каждому из нас необходимо научиться сохранять своё тело в святости и чести, потому что Бог не призвал нас к эгоизму и истлеванию в похотях, но к новой жизни, святой и прекрасной – к жизни, которая приносит Ему славу.

Более того, мы стали посланниками Христа, и через нас Бог обращается к этому миру. Называя Иисуса Христа Господом и предлагая от Его имени жизнь всем, кто поверит в Него, мы должны подтверждать свои слова жизнью, поведением, речью и поступками. Теперь, став Его посланниками, мы должны представлять Его интересы, говорить и вести себя не так, как ведут себя люди, не знающие Бога.

Вместо того, чтобы подражать остальному миру, мы должны проявить себя как возрождённые люди, изменённые Христом, полные благодарности. Мы – посланники Христовы. Мы отвергаем безбожную, греховную жизнь и живём так, чтобы Бог наполнял нас, и мы прославляли Его, делясь с другими той жизнью, какую дал нам Иисус Христос, наш Господь и Спаситель. Мы – Его творение, отделённые Богом для того, чтобы приносить Ему славу через добрые дела, какие Он предназначил нам исполнять. Мы должны любить окружающих, особенно, свою семью и друзей, служить им и рассказывать им весть о Боге, приглашая их присоединиться к Его народу.

Совершенно ясно, что распространение Царства Божьего нельзя представить без сочувствия, милости и справедливости. Основываясь на библейском учении, церковь должна обладать всеми этими качествами. Сочувствие представляет собой любовь Бога, которая наполняет нас и изливается через нас на окружающих. Эта любовь пробуждает в нас сочувствие к людям, погибающим во грехе, и желание видеть их спасёнными. Милость – это наше отношение к падшим людям и обществу. Она удерживает нас от желания обвинять и осуждать людей в том, какие они есть. Даже если человек попал в беду из-за своего неправильного выбора, милость побуждает нас поступить с ним гораздо лучше, чем он этого заслуживает. Точно так же поступил с нами и Бог, когда мы жили вдали от Него, и Он через кого-то явился нам.

~ Эфрем Смит. Церковь после разделения на «белых» и «чёрных»: как стать общиной любви в мультикультурном мире (пер. с англ. – Efrem Smith. *The Post Black & Post White Church: Becoming The Beloved Community in a Multi-ethnic World.* San Francisco, CA: Jossey-Bass, 2012, page 59)

Наше отличие

Урок 5 Изучение Библии

Прочтите следующие отрывки из Писания и кратко ответьте на вопросы по каждой библейской истине.

1. *Наша жизнь соединена с Иисусом Христом, и мы приносим плод (живя святой жизнью и показывая людям любовь Христа), потому что имеем общение (постоянную связь) с Ним.* Прочтите Иоанна 15:1-8 и ответьте на следующие вопросы:

    а. В образе чего, в примере Иисуса о лозе, ветвях и виноградаре, представлены Христос, Отец и мы?

    б. Если ветвь не пребывает на лозе, перестаёт получать от неё благословения и питание для жизни, может ли такая ветвь принести плод?

    в. Как, по словам Иисуса, Бог Отец прославляется в наших делах?

2. *Каждый, ставший новым творением во Христе, призван жить свято и быть посланником Христа там, где живёт.* Прочтите 2 Коринфянам 5:17 - 6:2.

    а. Какое служение дал нам Бог? (ст. 18)

    б. Что сделал Бог во Христе, чтобы даровать новую жизнь каждому верующему? (ст. 19)

    в. Какую роль играем мы, являясь представителями Бога и говоря от Его имени? (ст. 20)

    г. К чему мы должны призывать людей от имени Бога? (ст. 20-21)

3. *Верующие призваны своими словами и делами представлять миру Христа и славу Его Царства.* Прочтите Матфея 5:13-16. Заполните пропуски:

    а. Мы – _____земли.

    б. Мы – _____мира.

в. Так да светит _____ ваш перед людьми, чтобы они видели ваши_____ и прославляли _____.

4. *Верующие должны жить незапятнанной и чистой жизнью детей Божьих, сияя, как звёзды, в этом тёмном и греховном мире.* Прочтите Филиппийцам 2:12-16. Соедините фразы правой и левой колонок.

а. Совершайте своё спасение ___ потому что Бог действует через вас по Своей воле

б. Делайте всё ___ как светила в мире

в. Чтобы вам быть неукоризненными ___ к похвале в день Христов, что я (Павел) не тщетно трудился

г. В котором вы сияете ___ без ропота и сомнения

д. Содержа слово жизни ___ чадами Божьими непорочными

5. *Воля Бога для каждого верующего состоит в том, чтобы мы жили чисто и свято, следуя наставлениям Самого Господа, Иисуса Христа.* Прочтите 1 Фессалоникийцам 4:1-8. Что, по словам Павла, мы должны делать, чтобы угождать Богу?

6. *Как последователи Христа, мы должны помышлять о горнем и следовать Его правилам святой жизни, живя здесь, на земле, на виду у других людей.* Прочтите Колоссянам 3:1-17 и ответьте на вопросы:

а. Какими мы должны считать себя теперь, будучи соединёнными с Христом? (ст. 1-4)

б. Каково должно быть наше отношение ко всему, что связано с нашим «ветхим человеком»? (ст. 5-9)

в. Как мы должны относиться к своему старому и новому естеству? (ст. 9-10) г. Какие качества мы должны воспитывать в себе, являясь теперь избранным народом Божьим? (ст. 11-17)

7. *Божья благодать учит нас жить и делать добрые дела, готовясь ко Второму пришествию Христа.* Прочтите Титу 2:11-14. Заполните пропуски.

а. Спасительная благодать Божья учит нас отвергнуть _____ и жить _____, ожидая блаженного упования.

б. Иисус отдал себя за нас, чтобы избавить нас от _____ и очистить Себе народ, ревностный к _____.

Краткий конспект

Как возлюбленные дети Бога по вере в Иисуса Христа, мы призваны подражать Богу, быть, как Господь, и с любовью заботиться о других людях. Мы являемся Его представителями в этом мире, как если бы Он Сам жил здесь, на земле, через нас. Мы называемся Божьими святыми («отделёнными для Бога»), ставшими праведными по вере в Иисуса Христа. Мы отделены для того, чтобы жить перед Господом праведно и чисто. Мы должны освящаться (посвящать себя Богу и служению Ему), чтобы говорить и показывать окружающим, что мы принадлежим Христу, и что Евангелие может изменить их жизнь так же, как оно изменило нашу. Воистину, Бог не призвал нас жить безбожной и греховной жизнью, но быть святыми и праведными.

Помимо того, что мы призваны быть святыми, мы ещё стали и посланниками Христа, которые своим поведением представляют Иисуса и Царство Божье. Мы – представители Царства, граждане Неба, и потому нам дана власть обращаться к людям от имени Бога. Мы должны стараться делать это наилучшим образом, на понятном языке и без страха. Словом и делом мы провозглашаем Иисуса из Назарета Господом и Спасителем, грядущим Царём мира. Распространяя Евангелие, мы предлагаем всем жизнь во имя Христа, всем, кто захочет покаяться и уверует, а своей любовью и добрыми делами мы показываем, что представляет собой Царство Божье. Своими добрыми делами мы ежедневно являем Царство Бога нашим друзьям, близким родственникам и соседям, показывая им, что это значит – жить в Божьем Царстве.

Своими силами никто не сможет быть святым, представителем Христа. Христос живёт в нас Своим Святым Духом, и мы способны быть Христовыми посланниками только тогда, когда мы послушны Ему. Когда мы полагаемся на Христа, мы способны представлять Его необходимым образом.

Приложения

В Приложениях вам необходимо изучить и обдумать следующие материалы, относящиеся к данному уроку:

Фактор ойкос (Прил. 10)
Провозглашение Мессии: взаимосвязь Евангелий (Прил. 19)
Идти вперёд, оглядываясь на прошлое: к евангельскому восстановлению Великой традиции (Прил. 16)

Мне стыдно оттого, что некоторые христиане принимают кислое выражение лица и льют слёзы, делая для Христа то, что светский человек с радостью сделал бы за деньги.

~ Ханна Витал Смит. Духовная классика. Новое издание. Избранные тексты для чтения индивидуально и в группах (под ред. Ричарда Фостера и Джеймса Брайана Смита) (пер. с англ. – Hannah Witall Smith. Richard J. Foster and James Bryan Smith, Eds. *Devotional Classics: Revised Edition: Selected Readings for Individuals and Groups.* Renovare, Inc. (HarperCollins Publishers), New York. 1993, p. 239)

Сегодня Бог призывает нас вместе с Ним участвовать в превращении наших городов в представительства Града Божьего. Поскольку шалом и земля в наследие, обещанные в Царстве Божьем, имеют отношению к нашей материальной реальности в этом мире, Бог озабочен не «небесными обителями», а созданием живых общин на земле. Когда наступит время для «совершения всего» (Деяния 3:21), зло, наконец, будет осуждено, и Бог явит Своё Царство и Небесный Град. А пока Бог хочет, чтобы церковь уже сейчас приняла на себя миссию по установлению мира и правосудия в наших городах, вместо того чтобы осуждать то, что происходит, и спасаться бегством. Для этого необходимо действенно свидетельствовать о живом Иисусе Христе как о Спасителе и суверенном Господе.

~ Ховард Снайдер. Царство, Церковь и мир: библейские темы для современности (пер. с англ. – Howard A. Snyder. *Kingdom, Church and World: Biblical Themes for Today.* Eugene, OR: Wipf and Stock Publishers, 2001, p. 48)

Ключевой принцип

«Мы – Его творение, созданные во Христе на добрые дела» (Ефесянам 2:10).

Прочтите и поразмышляйте над следующими случаями и понятиями, запишите свои ответы и советы по разрешению этих ситуаций, основываясь на ранее изученном.

1. **Что происходит, когда мы падаем?** Часто новообращённые христиане с большим энтузиазмом принимают призыв Бога быть святыми и представлять Его перед людьми. Ходя перед Богом, они духовно возрастают, но из-за соблазнов мира, дьявольской лжи или своих старых греховных привычек, они могут упасть и согрешить.

   Что случится, если мы упадём или даже упадём не раз, причём в одной и той же сфере жизни? Остаётся ли верующим тот, кто называет себя христианином и наряду с этим впадает в грех? Не находимся ли мы на неком испытательном сроке, когда проверяется наша святость, и если мы падаем, то мы теряем своё спасение? Считаемся ли мы по-прежнему святыми и представителями Бога, даже если и сделали что-то неправильное? Прочтите следующие отрывки из Писания и поделитесь своими мыслями по поводу этого вопроса с другими верующими – для прояснения и назидания:
   * 1 Иоанна 1:5-10
   * Притчи 24:16
   * Иакова 5:16
   * Псалтирь 31:3-5
   * Притчи 28:12-13

2. **Существует ли единый христианский взгляд по любому вопросу общества?** Хотя мы и являемся Божьими святыми и представителями Христа, наша жизнь не становится от этого проще и легче. Мы должны быть внимательными, чтобы не спутать с мнением Бога свои взгляды на конкретную проблему. Нам также не следует простодушно принимать за истину то, что какой-нибудь телепроповедник называет евангельской позицией. По определённым вопросам существуют противоположные мнения, причём и с той, и с другой стороны их могут придерживаться искренние, благочестивые христиане, и каждая сторона будет цитировать Библию, заявляя, что их точка зрения является истинной «христианской» позицией. Что делать христианину, когда он встречает двух глубоко верующих людей, мнения которых расходятся по тому или иному вопросу? Должны ли христиане всегда иметь единственно «правильный» и ясный ответ на любой общественный вопрос? Как Римлянам 14:1-12 помогает нам разрешать такие вопросы?

3. **То, какими мы являемся, говорит громче, чем наши слова.** Без сомнения, наше поведение говорит громче слов. Нам необходимо

не только говорить что-либо о Царстве Божьем обдуманно, но и на самом деле жить так, как мы учим, чтобы окружающие могли это видеть и получали подтверждение нашим словам. В своём Первом послании апостол Иоанн даёт нам пример этого:

Вот, из чего мы узнаём, что такое настоящая любовь: Иисус положил Свою жизнь за нас. И поэтому мы должны быть готовы положить свою жизнь за братьев или сестёр во Христе. А когда кто-то, имея земные блага, видит брата в нужде, но при этом закрывает от него своё сердце, как тогда Божья любовь пребывает в нём? Дети, давайте любить не словом и языком, но делом и по-настоящему (1Иоанна 3:16-18).

Библия полна призывами к верующим о том, чтобы их любовь была непритворной (Римлянам 12:9), проявленной в служении другим (Галатам 5:13), показанной на деле, а не в красивых словах (Иакова 2:15-17). Почему, по вашему мнению, Господь так подчёркивает необходимость показывать любовь на деле, а не только на словах, чтобы люди могли видеть и чувствовать любовь, а не только слышать о ней?

Практическое применение

А теперь подумайте, каким образом изученные библейские истины могут повлиять на вашу жизнь прямо сейчас. Так как вы являетесь возлюбленными детьми Божьими по вере в Иисуса Христа, вы призваны подражать Богу, вы названы святыми и избранными Божьими! Проанализируйте ваш сегодняшний образ жизни, речь, поведение с близкими и друзьями и то, как вы заботитесь о других. Просите Духа Святого дать вам силы и мудрости, чтобы жить по воле Бога и поступать с людьми так, как хочет Он. От чего вам нужно отказаться, что мешает вашему хождению со Христом, что оставляет у людей плохое впечатление о вашей христианской жизни?

К тому же, вы являетесь посланником Христа, призванным представлять Христа и Его Царство перед людьми во всём, что вы делаете и говорите. Как вы можете поменять к лучшему своё поведение или отношения с окружающими, чтобы яснее показать им, кто есть Христос и какое у Него Царство? Не бойтесь быть честным перед самим собой. Может быть, вам потребуется отказаться от некоторых вещей или начать делать то, чего раньше не делали, или поменять своё поведение и окружение. Бог может побудить вас продолжить делать то, что вы делали и раньше, может быть, участить те или иные вещи, или начать делать что-либо вместе с другими людьми. Будьте открытыми для наставлений Духа по поводу вашего освящения и вашей роли посланника, и делайте то, к чему Он вас побуждает. Запомните: богобоязненность – это всего лишь постоянное послушание в самом малом, день за днём. Принимайте то, что говорит вам Бог, и живите в соответствии со своей новой личностью, как Божий святой и посланник Христа.

Утверждение

Благодаря силе Божьей, действующей во мне, я способен подражать характеру Бога, представляя Его перед людьми как Его посланник, служа окружающим и показывая им любовь Божью.

Молитва

Блаженный Августин (354-430 гг.) – философ и богослов, письменные труды которого повлияли на развитие Западной Церкви. Он был епископом в Гиппоне (современный Алжир), и считается одним из самых важных Отцов Церкви. Самыми известными его трудами являются «О граде Божьем» и «Исповедь».

Молитва Августина о познании Бога

Господь Иисус, дай мне познать себя и Тебя
И не желать ничего другого, кроме Тебя.
Дай мне возненавидеть себя и полюбить Тебя.
Дай мне делать всё, что я делаю, только для Тебя.
Дай мне унизить себя и возвысить Тебя.
Дай мне не думать ни о чём другом, кроме Тебя.
Дай мне умереть для себя и жить в Тебе.
Дай мне принимать всё, как от Тебя.
Дай мне отвергнуть себя и следовать за Тобой.
И всегда желать следовать за Тобой.
Дай мне бежать от себя и укрыться в Тебе,
Чтобы я был достоин Твоей защиты.
Дай мне бояться за себя и бояться Тебя
И быть среди избранных Твоих.
Дай мне полагаться не на себя, а только на Тебя.
Дай мне желание слушаться Тебя.
Дай мне не прилепляться ни к чему другому, а только к Тебе,
И дай мне быть бедным ради Тебя.
Призри на меня, чтобы я возлюбил Тебя.
Призови меня, чтобы я мог увидеть Тебя
И вечно радовался в Тебе.

~ Дон Л. Дэвис. Путь странника (пер. с англ. – Don L. Davis. *A Sojourner's Quest.*
Wichita, KS: The Urban Ministry Institute, 2010, pp. 93-94)

Крик души к Господу	Вечный Бог, Бог и Отец моего Господа Иисуса Христа, благодарю Тебя за это двойное призвание: быть Твоим святым и посланником Христа. Я хочу быть Твоим представителем во всём, что я делаю, оставив безбожность этого мира и простираясь вперёд, к призванию жизни в Твоём грядущем Царстве. Прошу Тебя, Отец, дай мне сил быть святым, и ходить перед Тобой каждый день в святости и чистоте. Пребудь со мной и помоги мне. Дай мне надежды и уверенности в каждом дне, чтобы я знал, что Твой Дух всегда со мной, и что Он поможет мне справляться с возникающими проблемами и трудностями.

Как святой Твой и как Твой посланник, прошу: помоги мне сегодня не терять с Тобой связь и помнить, что я больше не принадлежу самому себе. Ты искупил меня ценой крови Христа, и теперь я принадлежу Тебе. Поэтому храни моё сердце и мой разум, независимо от того, что мне готовит сегодняшний день. Помоги, чтобы люди видели Тебя во мне, в том, что я делаю и как реагирую на разные ситуации, в моём отношении к окружающим. Открой мои глаза, чтобы я мог видеть возможности прославить Твоё имя во всём, что я буду делать и говорить сегодня. Я прошу всё это во имя Иисуса Христа, аминь. |
| **Для дальнейшего изучения** | *На сайте www.tumi.org/sacredroots есть раздел с дополнительными видео- и текстовыми материалами.*

Don L. Davis. *Vision for Mission: Nurturing an Apostolic Heart.* Wichita, KS: The Urban Ministry Institute, 2012 (Этот источник можно найти здесь: *www.tumistore.org*) |
| **Для следующего занятия** | На следующем занятии вы будете проходить урок «*Нужное нам наставление*», затрагивающий три темы:
1. Мы живём духовной жизнью в обществе других верующих.
2. Мы вместе поклоняемся Христу в церкви и в малых группах.
3. Мы подчиняемся друг другу из уважения ко Христу. |
| **Библейский стих для запоминания** | Ефесянам 2:10 |
| **Задания** | 1. Выделите 10 минут на то, чтобы составить список идей, которые помогли бы вам лучше использовать то, что дал вам Бог. Подумайте о ваших деньгах и о том, чем вы владеете. Запишите в блокнот, как можно лучше их использовать для церкви. |

2. Выделите 10 минут на то, чтобы подумать, насколько вы довольны своей жизнью. Чем вы в своей жизни довольны, а чего вам не хватает, чему вы завидуете? Попросите Бога помочь вам быть удовлетворённым вашей материальной ситуацией и вашими отношениями с людьми, и запишите свои мысли в блокнот.

3. Отведите 10 минут на то, чтобы подумать о том, как вы распределяете своё время. Попросите Бога вразумить вас, как спланировать свой день так, чтобы оставалось время на то, к чему вас призывает Дух Святой. Сделайте записи в блокноте.

4. Поговорите с более опытным в вере членом церкви и спросите у него, что он думает насчёт денег, материальной неудовлетворённости и того, чтобы жить просто.

Урок 6

НУЖНОЕ НАМ НАСТАВЛЕНИЕ
Назидая друг друга в Теле Христовом

> Никогда не упивайтесь алкогольными напитками вроде вина, так как это приведёт к *распутству**, но подчиняйтесь Духу Святому и наполняйтесь Им. Ободряйте друг друга словами *псалмов, гимнов** и духовных песнопений. С благодарностью в сердце возносите хвалу и песнопения Господу. За всё и всегда благодарите Бога Отца, во имя Господа нашего Иисуса Христа. Подчиняйтесь и уступайте друг другу из уважения и благоговения перед Христом.
>
> ~ Павел к Ефесянам (Ефесянам 5:18-21)

Цели урока

По окончании этого занятия на тему *«Нужное нам наставление»*, вы узнаете, что:
- Христианская жизнь была задумана как жизнь в общине, где люди духовно возрастают, как Божья семья, Тело Христово и храм Духа Святого.
- Мы узнаём истины о Царстве Божьем, поклоняемся Богу и духовно возрастаем как ученики Христа, общаясь с другими верующими из поместной церкви и малых групп.
- Следуя за Христом как Господом, мы назидаемся в вере, учась подчиняться друг другу из почтения (уважения) ко Христу.

Молитва о мудрости

Вечный Господь, мой Отец, Ты в Своём Слове говоришь, что Ты – источник всякого знания и мудрости. Я признаю эту истину, дорогой Отец, и прошу: дай мне Твоей божественной мудрости, чтобы я мог верно преподавать слово истины (2 Тим. 2:15). Прошу, вразуми меня и наставь на путь, по которому я должен идти (Пс. 31:8), и руководи

....

*распутство: распутство – это чрезмерное стремление к удовольствиям. Это не значит, что мы должны избегать всего, что приносит нам наслаждение, но мы должны избегать бездумного поведения, которое бесчестит Бога. Бог дал нам всё для радости, но всему есть предел. Например, река, которая течёт в своём русле, представляет собой большое благо, но когда река выходит из берегов и затапливает город, она становится разрушительной силой. Точно так же распутство – это неправильное использование того, что дано нам Богом для наслаждения. Когда мы нарушаем пределы разумного, это вредит и нашей жизни, и жизни окружающих.

*псалмы и гимны: псалмы – это особая форма поэзии, которую мы находим в Библии. Псалмы исполнялись всей общиной в качестве формы поклонения Богу. Гимны и духовные песнопения являются выражением любви к Богу и поклонения Ему и могут быть взяты как из Библии, так и быть написанными разными христианами на протяжении веков.

мною. Помоги мне услышать Твой голос, исправь то, что я думаю и говорю неправильно, и направь меня на правильный путь, если я заблуждаюсь.

Отец, дай мне дар различения духов и способность различать учения, духов и дары, от Бога ли они. Открой мне Свою волю через Духа Святого и помоги мне понять, как мне её исполнить от всего сердца.

Дорогой Господь, помоги мне, пожалуйста, быть скорым на слышание и медленным на слова, медленным на гнев (Иак. 1:19). Да будут слова моих уст и мысли моего сердца угодными в Твоих очах. Помоги мне с мудростью говорить Твои истины, чтобы слушающие меня поняли их, и они оказались бы им полезными.

Учи меня во время этого занятия, когда я буду принимать Твоё слово и наставление. Прошу об этом всём во имя сильное Иисуса Христа, моего Господа и Спасителя. Аминь!

Связь

1. **«Учитывая то, что я пережил в церкви, я больше не могу в неё ходить».** К сожалению, многие люди, посещавшие церковь, жалуются на то, что имели ужасный опыт общения с другими верующими. В чём бы ни заключалась проблема: непрощение, зависть и грубость, непонимание и личные обиды, – теперь таких людей отталкивает сама перспектива снова начать ходить в церковь, опять начинать всё заново. Исходя из того, что вы теперь знаете, что бы вы посоветовали новообращённым по поводу посещения церкви, особенно, если они имели ужасный опыт в других церквях?

2. **«Поверить не могу, что Библия представляет собой одну непрерывную Историю о Божьем спасении творения и человечества – какому любящему Богу мы служим!»** Вы, наверное, знаете, что Библия разделена на два Завета: еврейское Священное Писание (39 книг, от Бытия до Малахии) и христианский Новый Завет (27 книг, от Матфея до Откровения). Но, возможно, вы до сих пор не задумывались о том, что хотя Библия и состоит из большого количества книг, на самом деле, она рассказывает всего одну Историю – великую драму о любви Бога к Своему творению и человечеству. Наше спасение стало возможно только благодаря великой Божьей любви и верности к нашей вселенной. В этом отношении христианство отличается от любой другой религии. Как правило, религии сосредоточены на обычаях, верованиях и догматах, которых люди должны придерживаться для того, чтобы достичь совершенства, обрести благословение, возродиться или получить защиту. Христианство же говорит о Боге, дающем спасение человечеству не потому, что люди этого

заслуживают и просят об этом или способны заработать спасение. Как вы думаете, почему людям так тяжело понять эту мысль? Что мешает им понять «благодать Божью», Его суверенную любовь и милость ко всем людям, независимо от того, кто они есть, где они находятся, и что они сделали?

3. **«Как наш пастор может заботиться о таком большом количестве людей? Я никогда не смогу познакомиться с ним как следует!»** Одна из важнейших истин, которую Библия повторяет вновь и вновь, говорит о том, что мы растём духовно, следуя учению и примеру поставленных Им пасторов и лидеров церкви. Однако в некоторых церквях пасторы могут вести большое количество верующих, до нескольких сотен и даже тысяч. Когда в церкви столько верующих, а у пастора столько ответственности, многие начинают жаловаться на то, что это трудно или практически невозможно, чтобы каждый верующий, каждая супружеская пара или каждая семья хорошо знали своего пастора. «Если иметь пастора означает быть хорошо знакомым с ним, тогда у меня никогда не будет пастора», - сказал один новообращённый. «Как наш пастор может вести всех этих людей? Мне никогда не удастся познакомиться с ним лично!» Как бы вы ободрили этого новообращённого? Как бы вы объяснили ему, что значит находиться под пасторской опекой, и как это происходит в современной церкви?

Содержание

На прошлом уроке (**«Наше отличие»**) мы узнали, что наше призвание как Божьих возлюбленных детей – показывать собой Христа, жить в святости и быть посланниками Христа в этом падшем мире. А сейчас мы рассмотрим то, что Бог хочет, чтобы мы возрастали в вере в поместной церкви под руководством пастора и в подчинении и любви друг ко другу, доблестно сражаясь за веру.

Христос хочет, чтобы члены Его народа были едины и преданы друг другу, живя в общине. Мы еженедельно собираемся для поклонения Богу, а также встречаемся для изучения Библии в малых группах, к общему назиданию. Нам необходимо знать других верующих, а также нужно чтобы они хорошо знали нас. Мы должны научиться быть гостеприимными друг ко другу, вместе проводить досуг и делать всё возможное для того, чтобы ободрять друг друга в нашем хождении перед Богом. Как верующие, мы призваны жить христианской жизнью, служа друг другу тем, что мы делаем, своими дарами, любовью и дружбой.

Более того, мы должны поощрять друг друга к добрым делам и любви и призывать друг друга отвергнуть то плохое, что имело место в нашей жизни до того, как мы стали частью Божьего народа по вере в Иисуса Христа.

Хотя мы все постоянно подвергаемся искушениям, в духовной жизни христианской общины не должно быть места мирскому, – тому, о чём пишут апостолы, – сексуальной распущенности, нечистоте, похотям, зависти и злым помыслам.

Воистину, мы должны полностью освободиться от того, что не назидает (того, что мешает нашей духовной жизни): гнева, ярости, злости, лжи и непристойных слов. Как мы узнали на прошлом уроке, мы воистину являемся Божьими святыми и призваны быть посланниками Христа, где бы мы ни находились. Теперь наша жизнь должна назидать других, а не тянуть их вниз или уводить их от любви Христа.

Теперь наша задача – назидать друг друга в церкви через молитву, обличение и ободрение, подражая учению и примеру наших духовных наставников. Как избранный народ Божий, мы должны стремиться любить друг друга и стараться менять свои жизненные привычки и мышление, учась жить с состраданием к другим, добротой, смирением, нежностью и терпением. Наши отношения друг с другом, прежде всего, должны отличаться любовью. Поступая так, мы будем угождать Христу во всём.

Нужное нам наставление
Урок 6 Изучение Библии
Прочтите следующие отрывки из Писания и кратко ответьте на вопросы по каждой библейской истине.

1. *Как говорит Библия (Священное Писание), История Бога разворачивается при участии Отца, Сына и Святого Духа. Будучи верующими во Христа, мы также являемся участниками этой Истории – мы осмысливаем её в нашем богословии, поём и проповедуем о ней во время поклонения Богу, учимся по ней и, свидетельствуя, рассказываем об этой Истории другим.* Прочтите следующие отрывки из Писания, просмотрите приложение *«Замысел Божий: наши «священные корни»* и ответьте на вопросы по каждому отрывку.

   Не зависящее от нас основание: абсолютная любовь Бога

   а. Иоанна 3:15-18. Какова была роль Отца в Истории спасения и искупления творения?

   б. 2 Коринфянам 5:18-21. Какова была роль Иисуса в истории нашего спасения?

в. Ефесянам 1:13-14. Какую роль играет Дух Святой, помогая нам стать частью Божьей Истории?

г. 2 Тимофею 3:15-17. Как Писание помогает нам понять Божий Замысел?

Наша личная реакция: спасение по благодати через веру

д. Римлянам 10:9-10. Какова наша первая реакция, как верующих, как Церкви, на эту Историю спасения?

е. 1 Петра 2:8-9. Какова цель нашего служения Богу: какое наше основное предназначение во Христе?

ж. Колоссянам 2:6-10. Как Божья История спасения теперь воздействует на нас: на ком и на чём мы должны сосредотачивать своё внимание?

з. Матфея 28:18-20. Какую заповедь дал Христос Церкви по отношению к окружающему её миру?

2. *Имея полную уверенность в вере в Господа Иисуса Христа и твёрдую надежду на прощение по Божьему Замыслу, мы должны искать практические пути ободрять и назидать других верующих.* Прочтите Евреям 10:19-25. Заполните пропуски:

а. Мы должны стараться поощрять друг друга _____ _____ (ст. 24)

б. Мы не должны оставлять_____ , как некоторые имеют обычай (ст. 25)

в. Но будем_____тем более, чем более усматриваете приближение дня оного (ст. 25).

3. *Получив спасение по благодати Христовой, мы становимся частью новой для себя Истории, получая новую роль и ожидая нового будущего. Поэтому верующие больше не должны подражать стилю жизни тех, кто не знает Господа, но должны вести себя как искупленные Христом.* Прочтите 1 Петра 4:1-11 и запишите четыре напутствия, которые Пётр даёт Божьему избранному народу о том, как им поступать.

а.

б.

в.

г.

4. *То, как мы поступаем с другими верующими, должно отражать такую же степень смирения, какую показал нам Христос, приобретя для нас спасение.* Прочтите Филиппийцам 2:1-11. Какое должно быть наше отношение к братьям и сёстрам по вере, по словам Павла?

5. *Новая заповедь, данная Христом Своим ученикам, говорит о любви к ближнему и о готовности пожертвовать для других своей жизнью.* Прочтите 1 Иоанна 3:11-18. Соедините подходящие выражения в левой и правой колонках.

а. Ибо таково благовествование, которое вы слышали   ___чтобы мы любили друг друга

б. Не удивляйтесь   ___что Он положил за нас душу Свою

в. Мы знаем, что мы перешли из смерти в жизнь   ___но делом и истиною

г. Любовь познали мы в том   ___потому что любим братьев

д. Не любящий брата   ___если мир ненавидит вас

е. Станем любить не словом или языком   ___пребывает в смерти

6. *Так как теперь мы принадлежим Христу и являемся частью Его Истории спасения, мы должны поступать достойно полученного спасения, зная, что мы объединены в одном Теле и одном Духе.* Прочтите Ефесянам 4:1-6. Перечислите три качества, которыми мы должны обладать, чтобы жить достойно нашего призвания.

а.

б.

в.

7. *Как народ, участвующий в Божьей Истории спасения, верующие должны быть внимательны к тому, как они живут, быть послушными Духу Святому и назидать друг друга в поклонении и благодарении Богу во имя Иисуса Христа.* Прочтите Ефесянам 5:15-21. Соедините подходящие выражения правой и левой колонок.

  а. Итак, смотрите, поступайте осторожно

  ___в сердцах ваших Господу

  б. Назидая самих себя

  ___Бога и Отца, во имя Господа нашего Иисуса Христа.

  в. Поя и воспевая

  ___не как неразумные, но как мудрые

  г. Благодаря всегда за всё

  ___псалмами, славословиями и песнопениями духовными

  д. Не будьте нерассудительны

  ___но познавайте, что есть воля Божия.

8. *Бог поставил в церквях духовных наставников для попечения о душах верующих, дав наставникам обязанность учить полноте жизни во Христе и направлять к общению с другими верующими.* Соедините левую и правую колонки.

  а. Евреям 13:7

  ___Повинуйтесь наставникам вашим и будьте покорны

  б. Евреям 13:17

  ___Взирая на кончину жизни ваших наставников, подражайте вере их

  в. 1 Фессалоникийцам 5:12-13

  ___Уважайте и почитайте своих наставников в Господе, вразумляющих вас

9. *Дьявол обманывает нас, говоря, что Бог не дал нам всего необходимого во Христе. Однако Божье Слово утверждает, что мы имеем всё необходимое для жизни и благочестия.*

  а. Прочтите Бытие 3:1-7. Какую ложь сказал змей Еве, что заставило её поверить в то, что Бог чего-то ей не додал?

б.   Прочтите 2 Петра 1:3. Заполните пропуски:

Как от_____ даровано нам _____
потребное для _____.

> Очень важно общаться с теми, кто находится на правильном пути – и не только с теми, кто прошёл столько же, сколько и мы, но также и с теми, кто уже ушёл дальше. Тот, кто приблизился к Богу, способен и нас приблизить к Нему, поведя нас за собою.
>
> ~ Тереза Авильская. Духовная классика. Новое издание. Избранные тексты для чтения индивидуально и в группах (под ред. Ричарда Фостера и Джеймса Брайана Смита) (пер. с англ. – Teresa of Avila. Richard J. Foster and James Bryan Smith, Eds. *Devotional Classics: Revised Edition: Selected Readings for Individuals and Groups.* Renovare, Inc. (HarperCollins Publishers), New York. 1993, p. 165)

Краткий конспект

Бог желает, чтобы каждый верующий возрастал (назидался), достигал зрелости во Христе и учился назидать других. Христос хочет, чтобы мы росли в вере, посещая поместную церковь, собрание верующих. Мы имеем повеление назидаться, следуя учению и примеру поставленных Богом пасторов, и жить среди верующих, подчиняясь друг другу в любви, чтобы мы могли доблестно сражаться за веру.

Единственный путь, предложенный нам Богом для роста – это христианская община, поместная церковь. У нас теперь есть своя роль в Великой Божьей Истории! Каждому из нас даны духовные дары для служения в Теле Христовом и для назидания друг друга во время еженедельных собраний церкви, занятий по изучению Библии и в малых группах. Бог желает, чтобы мы любили друг друга так, как Христос возлюбил нас. Мы учимся это делать все вместе под водительством Святого Духа и пастырей (пасторов), которых дал нам Бог, чтобы они направляли нас и духовно питали. Мы должны стремиться заводить друзей среди верующих, приглашать их к себе домой, посвящать их в свою жизнь, проводить с ними время в свободном общении, отдыхая и радуясь вместе. Мы – семья, и мы должны научиться строить отношения друг с другом.

Более того, мы призваны поощрять друг друга к любви и добрым делам, призывая оставить злые помыслы и дела, которые присутствовали в нашей жизни до того, как мы по вере в Иисуса Христа стали Божьим народом. Сражаться за веру доблестно мы можем только вместе с другими воинами Христа, в здоровой христианской общине, под руководством духовных лидеров, которые ведут и ободряют нас своим примером и Словом Божьим.

Приложения

В Приложениях вам необходимо изучить и обдумать следующие материалы, относящиеся к данному уроку:

Наша декларация зависимости: свобода во Христе (Прил. 9)
Уполномоченные представлять Христа: преумножение учеников для Царства Божьего (Прил. 20)
Фактор ойкос (Прил. 10)

Ключевой принцип

«Заповедь новую даю вам: да любите друг друга, как Я возлюбил вас» (Иоанна 13:34).

Обучающие примеры

Прочтите и поразмышляйте над следующими случаями и понятиями, запишите свои ответы и советы по разрешению этих ситуаций, основываясь на ранее изученном.

1. **«Какие у меня есть духовные дары, и как я могу их использовать?»** Библия говорит, что каждый верующий наделён духовными дарами, которые дают ему возможность назидать других в христианской общине (Рим. 12:3-8; 1 Кор. 12:4-11; Еф. 4:9-15; 1 Петр. 4:10-11). Эти дары должны использоваться в Теле Христа в общении верующих, в их совместной жизни и служении и в их возрастании под руководством пастора. Почему гораздо важнее служить другим и заботиться о них, чем тратить время на рассуждения о своём конкретном даре?

2. **«Почему я должен становиться членом церкви, если я хорошо себя чувствую, просто посещая собрание раз в неделю?»** Обсуждая роль поместной общины в назидании и духовном росте христиан, одна новообращённая начала рассказывать о своём опыте посещения церкви: «Мне нравится ходить в эту церковь. Мне нравится у них поклонение Богу и проповеди пастора. Их служения короткие и очень приятные. Но, честно говоря, я не думала становиться членом этой церкви. Я знаю и других людей, которые приходят только по воскресеньям и не посещают встречи малых групп и прочие мероприятия. Мне так тоже нравится. Зачем мне становиться членом церкви, если мне хорошо и так?» Основываясь на изученном на этом уроке, что бы вы могли сказать этой сестре в Господе о необходимости более активно участвовать в жизни церкви, чем просто приходить по воскресеньям?

3. **«С верующими людьми не так легко подружиться».** Одна из проблем, с которой сталкиваются многие люди, приходящие в церковь – отсутствие дружеских отношений среди верующих. Просто удивительно, как много в поместных церквях активных верующих, которые при этом не имеют в церкви ни одного близкого друга. Конечна, дружба очень важна, но требует больших жертв. Тот, кто хочет иметь друзей, должен относиться к людям с любовью (Притчи 17:17), посвящать их в свою жизнь и стремиться к пониманию (Иоанна 15:13-14), быть открытым к чужому мнению, в том числе, и к критике того, что нужно изменить (Притчи 27:6). Друзья создают атмосферу тепла и любви, необходимых для роста во Христе (Притчи 27:9). Как железо острит железо, так и мы меняем друг друга с помощью наших духовных даров (Притчи 27:17). Понимая всё это, что вам, в первую очередь, необходимо сейчас сделать, если вы хотите завязать хорошие, крепкие отношения с членами вашей поместной церкви?

Практическое применение

Иисус хочет, чтобы мы росли как Его ученики и доблестно сражались за веру не в одиночку, а совместно с другими верующими в общине. Если вы до сих пор не посещали в церковь регулярно, прямо сейчас примите решение стать членом общины верующих. Узнайте у других верующих, где они еженедельно собираются для поклонения Богу, и пообещайте себе прийти. Спросите, есть ли у них занятия для членов церкви, и начните посещать воскресную школу или малую группу, уроки по изучению Библии или домашнюю группу. Не теряйте надежды и сохраняйте терпение, пока пытаетесь познакомиться с другими верующими. Используйте свои дары для назидания других, а также будьте готовы учиться у других христиан.

Также постарайтесь поближе познакомиться с пастором церкви (лидерами или старейшинами). Скажите им, что вы теперь посещаете их церковь и будете молиться за них. Попросите их навестить вас и расскажите им о себе. Поддерживайте своих лидеров в служении вам: повинуйтесь тому, что они вам говорят, и подчиняйтесь им, потому что они ответственны перед Богом за ваши души, как пастухи за своих овец, и будут давать отчёт Богу за это своё служение. Дайте вашим лидерам возможность служить вам с радостью, а не вздыхая, потому что последнее не пойдёт вам на пользу (Евр. 13:17). Твёрдо решите возрастать в вере вместе с другими верующими. Бог даст вам благодать, если вы будете настойчиво идти к зрелой христианской жизни в общине.

Утверждение

Так как Иисус заповедовал Своим ученикам любить друг друга, я обещаю участвовать в жизни церковной общины, прощая братьев и сестёр и подчиняясь им.

Библейское христианство задумано Богом как универсальное по своей природе: оно способно принять любую культуру. Эту универсальность Евангелия мы видим в книге Деяний Апостолов. День Пятидесятницы, когда Евангелие было проповедовано на всех языках мира, является ясным доказательством того, что христианская весть не ограничена одной культурой или языком. Мы видим универсальность Евангелия в том, как оно распространялось и воспринималось в еврейской и греческой культуре в первом веке. Призванием церкви было проникнуть с вестью о спасении в каждый народ, в каждую культуру, чтобы все народы покорились Богу, сохраняя при этом свою национальную идентичность. Следовательно, если я, как христианин, не поклоняюсь Богу через обычаи своего народа, я не последователен в своей вере.

~ Карл Эллис (младший). Больше, чем освобождены: Евангелие в афроамериканском контексте (пер. с англ. – Carl F. Ellis, Jr. *Beyond Liberation: The Gospel in the Black American Experience.* Downers Grove, IL: InterVarsity Press, 1983, p. 137)

Молитва

Франциск Ассизский (1181-1226 гг.) был итальянским церковным лидером и проповедником. Он является учредителем Францисканского ордена, в который входили люди, посвятившие себя проповеди, жизни в бедности во имя Христа и служению людям. Он также повлиял на создание других монашеских орденов, являясь одним из самых уважаемых христиан в истории.

Молитва посвящения (Франциск Ассизский)

Господи, сделай меня орудием Твоего мира,
Там, где ненависть, дай мне приносить любовь,
Там, где обида – приносить прощение,
Там, где раздоры – приносить примирение,
Там, где сомнения – приносить веру,
Там, где заблуждения – приносить истину,
Там, где отчаяние – приносить надежду,
Там, где тьма – приносить свет,
Там, где печаль – приносить радость.

О святейший Господь,
Дай мне не ждать утешения, а утешать,
Не ждать понимания, а понимать,
Не ждать любви, а любить!
Ибо только кто даёт, тот обретает,

Только кто о себе забывает – тот находит себя,

Только кто прощает – тот будет прощен,

Только кто умирает – тот воскресает для жизни вечной!

~ Дон Л. Дэвис. Путь странника (пер. с англ. – Don L. Davis. *A Sojourner's Quest*. Wichita, KS: The Urban Ministry Institute, 2010, pp. 95)

Крик души к Господу

Вечный Бог, Бог и Отец Господа моего Иисуса Христа́, благодарю Тебя за то, что поместил меня в Тело Христово. Благодарю Тебя за то, что я не один на моём пути веры, что у меня есть поддержка других, которые также любят Тебя и стремятся угодить Тебе. Благодарю Тебя за то, как Ты назидаешь Свой народ в поместной церкви и даёшь нам пасторов и наставников, с которых мы берём пример и у которых учимся познавать и исполнять Твою волю. Даруй мне благодать быть терпеливым с другими, учиться у них, принимать их критику и замечания. Помоги мне устоять перед желанием отделиться от них, спрятаться или остаться в стороне. Я нуждаюсь в них, если я хочу быть тем, кем Ты желаешь меня видеть, поэтому дай мне дерзновения продолжать отношения с другими верующими, всегда ища встречи с ними, не избегая их и не пренебрегая ими. Учи меня через моих наставников и исправляй меня через других верующих. Я знаю, что поступая так, я достигну зрелости в Твоём Сыне. Благодарю Тебя, Господь, за людей, дарованных Тобой. Прошу Тебя обо всём во имя Иисуса Христа, аминь.

Для дальнейшего изучения

На сайте www.tumi.org/sacredroots есть раздел с дополнительными видео- и текстовыми материалами.

Don L. Davis. *Sacred Roots: A Primer on Retrieving the Great Tradition.* Wichita, KS: The Urban Ministry Institute, 2010.

Для следующего занятия

На следующем занятии вы будете проходить урок *«Наш враг»*, затрагивающий три темы:

1. Мы сражаемся не против плоти и крови.
2. Наш враг, дьявол, действует через падший мир и желания плоти.
3. Существуют распространённые приемы, которыми пользуются дьявольские слуги для того, чтобы мешать нам и совращать нас.

Библейский стих для запоминания

Иоанна 13:35

1. Спросите у двух опытных христиан о том, как советы других верующих помогли им получить Божье наставление. Спросите у них, были ли у них ошибки из-за того, что они не попросили совета у братьев и сестёр.

2. Если вы ещё этого не сделали, пообещайте себе в течение следующего месяца начать регулярно посещать одну и ту же церковь, где вы могли бы общаться с другими верующими и стать членом этой церкви, если так хочет Бог. Помните, вы не можете назидаться (или назидать других), не являясь членом поместной церкви и не имея пасторского руководства.

3. Поделитесь своими планами с двумя более опытными верующими и попросите у них совета.

Урок 7

Наш враг
Как побеждать врага Бога

> Всё дело в том, что мы боремся не против людей из плоти и крови, а против правителей и властей, против вселенских сил этого века тьмы – мы рьяно сражаемся против духовных сил зла, живущих под небесами.
>
> ~ Павел к Ефесянам (Еф. 6:12)

Цели урока

По окончании этого занятия на тему *«Наш враг»*, вы узнаете, что:
- Наша вселенная находится в состоянии духовной войны дьявола и его царства тьмы против Христа и Царства Света: мы «сражаемся не против плоти и крови».
- Христос уже одержал победу над нашим врагом, дьяволом, который до сих пор обманом продолжает действовать в этом падшем мире и через нашу греховную природу, т.е. «желания плоти».
- Мы способны победить нашего врага, если признаём крестную победу Иисуса над грехом, являемся внимательными к попыткам дьявола обмануть нас и держимся за обетования Божии, что Он поможет нам устоять перед врагом.

Молитва о мудрости

Вечный Господь, мой Отец, Ты в Своём Слове говоришь, что Ты – источник всякого знания и мудрости. Я признаю эту истину, дорогой Отец, и прошу: дай мне Твоей божественной мудрости, чтобы я мог верно преподавать слово истины (2 Тим. 2:15). Прошу, вразуми меня и наставь на путь, по которому я должен идти (Пс. 31:8), и руководи мною. Помоги мне услышать Твой голос, исправь то, что я думаю и говорю неправильно, и направь меня на правильный путь, если я заблуждаюсь.

Отец, дай мне дар различения духов и способность различать учения, духов и дары, от Бога ли они. Открой мне Свою волю через Духа Святого и помоги мне понять, как мне её исполнить от всего сердца.

Дорогой Господь, помоги мне, пожалуйста, быть скорым на слышание и медленным на слова, медленным на гнев (Иак. 1:19). Да будут слова моих уст и мысли моего сердца угодными в Твоих очах. Помоги мне с мудростью говорить Твои истины, чтобы слушающие меня поняли их, и они оказались бы им полезными.

Учи меня во время этого занятия, когда я буду принимать Твоё слово и наставление. Прошу об этом всём во имя сильное Иисуса Христа, моего Господа и Спасителя. Аминь!

Связь

1. **«Эти люди не принадлежат Богу – являются ли они врагами Господа?»** В мире, где религиозные конфликты и насилие происходят сплошь и рядом, легко подумать, что мы боремся с людьми. По всему миру есть те, кто считают себя верующими, но убивают других людей, обвиняя их в ереси и зле. Они совершают ужасные вещи друг против друга: от безумного насилия до жестокого безразличия. Но, согласно Библии, наша борьба не против крови и плоти (людей), а против духовных сил, которые побуждают людей причинять зло Божьему творению. Почему для новообращённого и духовно растущего христианина важно понять и использовать в своей жизни эту истину?

2. **«Рассекреченное секретное оружие дьявола».** Библия ясно показывает нам, что война дьявола совсем не похожа на то, как её представляет нам Голливуд в фильмах ужасов – гротескные монстры, которые преследуют невинных и беззащитных людей в тёмных коридорах и заброшенных домах. В основе всех методов борьбы дьявола – ложь, безупречные аргументы, кажущиеся невинными, правдоподобными и даже достойными доверия. Эта ложь говорит, что Бога не существует, что духовность является выдумкой, и что наука может спасти человечество от всех его проблем. Получается, что секретное оружие дьявола не так уж и секретно. Просто-напросто, дьявол – лжец и отец лжи. Как вы думаете, почему он выбрал ложь и обман своим главным оружием в нашем обществе, которое так полагается на научные доказательства и технологические открытия?

3. **«Даже если победа в наших руках, мы должны продолжать борьбу за неё».** Одна из истин, которую подчёркивали апостолы в своём учении – это то, что мы не должны быть пассивными в Великой Божьей Истории. Говоря по-простому, хоть Господь и является победителем, мы должны постоянно противостоять врагу. Да, Христос победил дьявола на кресте, но эта победа не автоматическая. Несмотря на то, что Бог освободил нас через кровь, пролитую Иисусом Христом, мы теперь должны пользоваться этой победой, утверждая истину и отказываясь от лжи. Поступая таким образом, мы начнём видеть изменения в своём характере, поведении и отношении к людям. Победа – наша,

но мы должны бороться за неё, отстаивать её и пользоваться ею ежедневно. Бог учит верующих подчиняться Ему и противостоять дьяволу, и только тогда тот убежит от нас. Как вы думаете, почему Господь даёт нам победу только после того, как мы вступим в борьбу с дьяволом и устоим перед его искушениями и попытками нас сломить?

Содержание

На прошлом занятии (**«Нужное нам наставление»**) вы узнали, что мы должны любить друг друга и подчиняться друг другу в поместной церкви. А сейчас вы больше узнаете о враге, с которым мы имеем дело в нашем доблестном сражении за веру.

Существование сатаны является причиной войны в мире, а мы — воины в этой битве. Нейтралитет невозможен. Наш враг, дьявол, стоит во главе воинства духов, которые хитры и опасны. Они пользуются греховной природой людей и их плотскими желаниями, чтобы мешать работе Бога, и поэтому мы должны быть внимательны к их трюкам. Необходимо понимать, что наши враги — не люди. Несмотря на то, что мы встречаемся с духовными опасностями на каждом шагу, Бог пребывает с нами и помогает нам доблестно сражаться за веру, несмотря на действия врага.

Хотя Иисус и добыл победу над дьяволом для всех христиан, нам всё ещё нужно бороться с врагом, сохранять целомудрие и бдительность. Мы должны постоянно быть начеку, так как наш враг (дьявол) неустанно ищет возможности нам навредить, атаковать нас и уничтожить. Обманом и обвинениями он пытается помешать нам, растерзать нас и поглотить — духовно сразить нас на пути следования за Христом.

Поэтому нам необходимо научиться эффективно противостоять дьяволу. Мы должны защищаться от его нападок, напоминать самим себе известные истины и не забывать, что мы полностью зависим от Христа. Мы должны ходить в силе Духа Святого и твёрдо стоять в истинах нашей веры. Помните также, что вы никогда не одиноки в своей борьбе — множество христиан по всему миру испытывают те же страдания в битве, что и вы.

Мы можем быть уверены, что несмотря на то, что борьба жестока, постоянна и ежедневна, благодать Божия в конце-концов гарантирует нам полную победу. Наши страдания ненадолго, а грядущая слава во Христе будет длиться вечно. Сам Бог восстановит нас, подкрепит наши силы, поможет нам быть стойкими и твёрдыми до конца сражения!

Хотя мы с вами уже перешли из царства тьмы в царство Возлюбленного Сына Божьего, мы всё ещё находимся в мире, где правит великий враг Бога – сатана. В таком мире мы вынуждены жить с момента принятия Христа и до дня Великого суда. К тому же, теперь нас атакует тот, кто когда-то был нашим господином, а сейчас стал нашим врагом. И христианину было бы просто глупо надеяться избежать духовного сражения, учитывая, что он живёт на вражеской территории.

~ Фрэнсис Шеффер. Собрание трудов. Том 2. Иисус Навин и ход библейской истории (пер. с англ. – Francis Schaeffer. The Complete Works of Francis Schaeffer Volume 2: Joshua and the Flow of Biblical History. Westchester, IL: Crossway Books, 1975, page 210)

Наш враг
Урок 7 Изучение Библии
Прочтите следующие отрывки из Писания и кратко ответьте на вопросы по каждой библейской истине.

1. *Дьявол с самого начала воспротивился Божьей воле и Его власти, и Бог решил, что это восстание будет подавлено грядущим Спасителем.* Соедините библейские ссылки с соответствующими фразами:

   а. Быт. 3:1-15 ___Весь мир находится под управлением дьявола

   б. Ис. 14:12-17 ___Сатана был создан совершенным, но восстал против Бога

   в. Иез. 28:12-17 ___Сатана захотел стать таким же, как Бог

   г. 1 Иоан. 3:8-10 ___Иисус пришёл на землю, чтобы разрушить дела дьявола

   д. Откр. 12:7-11 ___Он был назван сатаной, обольстителем всей вселенной

   е. 1 Иоан. 5:19 ___Дьявол солгал первой человеческой паре, став причиной их грехопадения

   ж. 2 Кор. 2:11 ___Тактики дьявола небезызвестны, поэтому мы способны их разоблачать

2. *Иисус пришёл, чтобы побороть, нанести поражение и разрушить дела дьявола – освободить человечество от проклятия, пришедшего вследствие непослушания Богу.* Прочтите Луки 11:14-23 и ответьте на вопросы:

   а. В чём люди обвиняли Иисуса, когда Он изгонял бесов?

   б. Как Иисус ответил на предъявленное Ему обвинение в том, что Он изгоняет бесов силой веельзевула?

   в. Иисус приводит в пример сильного человека: для того, чтобы забрать у него имущество, сначала нужно победить его самого. Объясните значение этого примера.

3. *Дьявол пользуется ложью, обвинениями и клеветой для того, чтобы обмануть верующих, навредить им и помешать им представлять Христа в мире.* Соедините библейские ссылки с соответствующими предложениями.

   а. Иоанна 10:1-18   ___Иисус – добрый Пастырь, а враг приходит для того, чтобы ограбить, убить и погубить овец

   б. Иоанна 8:31-44   ___Дьявол – лжец и отец лжи

   в. Откр. 12:9-10   ___Дьявол обвиняет христиан перед Божьим престолом

   г. Кол. 2:15   ___На кресте Иисус победил и посрамил дьявола

4. *Верующие должны бодрствовать, быть внимательными и осознавать, что хотя дьявол и был побеждён, он продолжает искать тех, кого можно поглотить.* Прочтите 1 Петра 5:8-11 и заполните пропуски.

   а. Мы должны _____и_____ в отношении дьявола (ст. 8).

   б. Дьявол ходит как _____, ища кого _____ (ст. 8).

   в. Мы призваны _____ верою, зная, что такие же _____ случаются и с братьями нашими в мире (ст. 9).

г. По окончании нашего сражения, Бог Сам 1)_____, 2)_____, 3)_____, и 4)_____ нас в вере (ст. 10).

5. *Мы не должны любить мир или то, что в мире; кто любит мир, тот отвергает любовь Отца.* Прочтите 1 Иоанна 2:15-17 и ответьте на вопросы.

    а. Да или нет? «Когда человек любит этот мир, его наполняет и направляет любовь Отца».

    б. Какие три вещи – от мира, а не от Отца?

        i.   Похоть_____

        ii. _____ очей

        iii. _____ обладать материальными ценностями

    в. Что говорит Иоанн о состоянии нашего мира? Что он говорит о человеке, который исполняет волю Божию?

6. *Дух Святой даёт нам силы жить для Бога и избегать искушений плоти и соблазнов мира. Он делает нас способными победоносно жить во Христе.* Прочтите Римлянам 8:1-17. Заполните пропуски:

    а. Итак, нет ныне никакого осуждения тем, которые _____ _____ (ст. 1).

    б. Вы не по _____ живёте, но по _____ (ст. 9).

    в. Мы не должники плоти, чтобы _____ (ст. 12).

    г. Вы не приняли дух _____, но Дух усыновления, которым _____ (ст. 15).

7. *Не всякое утверждение об Иисусе и Его делах, которое мы слышим, является истинным. Мы должны испытывать духов, ибо Тот, кто в нас, больше того, кто в мире.* Прочтите 1 Иоанна 4:1-6.

    а. Как можно испытывать духов и как отличить Духа Божьего? (ст. 1-3) б.   Дух Святой (Тот, кто в нас) больше того, кто в

_____ (ст. 4).

8.   *Не стоит удивляться или расстраиваться, когда мы из-за своей веры сталкиваемся с непониманием, отвержением или даже ненавистью со стороны людей. Мы идём по стопам Христа, который пережил то же самое.* Прочтите следующие отрывки из Библии и ответьте на вопросы.

а.   Прочтите Иоанна 15:18-21. Почему мир нас ненавидит?

б.   Прочтите 1 Иоанна 3:11-15. Почему мы не должны удивляться тому, что мир нас ненавидит?

в.   Прочтите Иакова 4:1-7. Что мы должны делать, чтобы дьявол (властелин этого мира) убежал от нас?

Краткий конспект

Согласно Писанию, дьявол и первые люди восстали против правления и власти Бога, и их непослушание повергло вселенную в войну. Со времён грехопадения человека в Эдемском саду, Бог решил положить конец дьяволу и его бунту в Божьем мире, послав в этот мир Своего Сына. Иисус пришёл в наш мир, чтобы победить дьявола, заплатить за наши грехи и восстановить полноту Царства Божьего. Благодарение Богу за то, что совершил в нашем мире Иисус из Назарета – Он победил дьявола, и Царство Божие приблизилось и предлагается всем, кто поверит!

Теперь, когда мы уверовали во Христа, мы избавились от царства тьмы и перешли в Царство возлюбленного Сына Божьего (Кол. 1:13). Теперь мы стали участниками вселенской битвы – в этой битве мы являемся воинами. Мы призваны быть представителями Господа, Победителя всех сил зла, которые нанесли вред творению Бога. В этой войне никто не может сохранять нейтралитет. Наш противник, дьявол, управляет духовным воинством, которое стремится разрушать человеческие жизни хитростью и обманом. На нас влияет не только этот падший мир, но и наши внутренние желания, противящиеся воле Бога. Поэтому мы должны быть трезвомыслящими и осторожными, осознавая, что дьявол постоянно пытается причинить нам зло и противодействовать нам. Мы можем противостоять ему силою Духа Святого, держась истин Слова Божьего и отвергая его ложь. Бог укрепит нас в нашем доблестном сражении за веру!

Христос является центром истории и смыслом человеческого существования, и потому, от первой и до последней страницы, мы читаем Библию в свете Иисуса Христа. Как пасторам, говорящим Божье Слово, нам крайне необходимо глубоко проникнуться повествованием о триедином Боге – величайшей драме человеческой истории, в которой центральная роль принадлежит Христу, истории о Боге, становящимся одним из нас, чтобы спасти мир. В центре проповедей в наших церквях должны быть не вдохновляющие призывы, мотивационные речи или сеансы массовой терапии, а тема Божьего спасения всех нас. Это не только отражает апостольский подход к чтению и проповеди Священного Писания, но и следует практике Отцов церкви, а также практике тех церквей, которые стремятся интегрировать в современное богослужение древние формы поклонения Богу.

~ Роберт Уэббер. «Древнее - будущее» поклонение: провозглашение и демонстрация Божьего нарратива (пер. с англ. – Robert E. Webber. Ancient-Future Worship: Proclaiming and Enacting God's Narrative. Grand Rapids, MI: Baker Books, 2008, p. 121)

Приложения

В Приложениях вам необходимо изучить и обдумать следующие материалы, относящиеся к данному уроку:

Богословие Христа Победителя (Прил. 11)
Христос – Победитель: как это влияет на христианскую жизнь и свидетельство (Прил. 12)
Иисус из Назарета – будущее рядом с нами (Прил. 4)
Иисус Христос – главная Личность и тема Библии (Прил. 22)
Да возвеличится Бог! Семь нот: как искать Бога и получить от Него благословение (Прил. 23)

Ключевой принцип

«Не удивляйтесь, как чему-либо странному, тому мучительному искушению, которое вы испытываете» (1 Петра 4:12).

Обучающие примеры

Прочтите и поразмышляйте над следующими случаями и понятиями, запишите свои ответы и советы по разрешению этих ситуаций, основываясь на ранее изученном.

1. **«Я пытаюсь понять, что означает «иметь твёрдую веру», но я не уверена, что до конца это понимаю».** После библейского урока с друзьями одна новообращённая христианка задумалась о том, что значит отрывок из 1 Петра 5:8-9: *«Будьте трезвы*

и дисциплинированы, постоянно бодрствуйте и сохраняйте бдительность. Ваш заклятый враг, дьявол, рыскает вокруг, преследуя христиан, как голодный рыкающий лев преследует свою добычу в надежде поймать какое-нибудь немощное животное. Вы должны противостоять дьяволу, оставаясь твёрдыми и непоколебимыми в своей вере. Вам также следует знать, что верующие по всему миру переживают такие же страдания, что и вы». Эта новообращённая хотела понять, что значит «оставаться твёрдым в своей вере». На уроке преподаватель сказал, что слово «противостоять», использованное в этом тексте, на греческом звучит как *«антистете»* – это же слово стоит в Ефесянам 6:11-13 и Иакова 4:7. Оно означает оставаться верными, доверять Божьему Слову даже тогда, когда кажется, что всё идёт не так, как должно. Женщину мучили вопросы: «Значит ли это, что я не могу или не должна сомневаться? Что будет, если я потеряю надежду? Что если я упаду – могу ли я попробовать ещё раз?» Могли бы вы помочь сестре разобраться в этих вопросах?

2. **«Почему Бог позволяет дьяволу мучить нас и причинять нам боль, когда Господь Иисус уже одержал над ним победу?»** Одна из самых непонятных истин для новообращённых – почему верующие должны сохранять твёрдость в вере и противостоять сатанинской лжи, если Иисус уже завоевал победу. Да, действительно, своей смертью на кресте Христос победил дьявола (Кол. 2:15), а верующие победили его кровью Агнца и словом своего свидетельства, не возлюбив души своей даже до смерти (Откр. 12:9-10). Почему же они всё ещё должны бороться? Почему Бог до сих пор позволяет дьяволу выступать против Его народа, тогда как Иисус разрушил дела дьявола ещё во время Своего первого пришествия (1 Иоан. 3:8)? (Подсказка: Иисус сказал, что раб не больше господина своего – см. Иоанна 13:16).

3. **«Никто не может понять, какую боль я претерпел. Ни один человек».** Когда в нашу жизнь приходят проблемы, потери, переживания, мы часто думаем, что никто другой никогда не испытывал ничего подобного. Переживание боли и потерь является чем-то очень личным и сокровенным. Наши душевные переживания могут быть такими сильными, что у нас создаётся впечатление, что никто никогда не чувствовал такой же боли, и никто никогда не сможет понять всю тяжесть проблем и всю глубину отчаяния, с которыми мы столкнулись. Однако, ряд библейских текстов говорит, что это впечатление ошибочно. С какими бы проблемами мы ни сталкивались, они похожи на те же испытания, что переживают другие верующие по всему миру. Посмотрите, что говорит Павел в своём Послании к Коринфянам (1 Коринфянам 10:13): *«Нет такого испытания, которое было бы*

уникальным, с которым бы не сталкивались другие. Но знайте одно: Бог верен! Мы можем доверять Ему. Он никогда не допустит испытаний, которые были бы вам не по силам. И всегда, во всяком испытании, Он даст и выход из него, и силы для того, чтобы вы не сломились под его действием». Как осознание этой истины может помочь нам во времена трудностей и испытаний?

Практическое применение

Всегда благодарите Бога от всего сердца за то, что Он дал нам победу через Господа Иисуса Христа (1 Кор. 15:57)! Бог освободил нас от власти дьявола, избавил от царства тьмы, искупил кровью, пролитой Иисусом Христом на кресте, ввёл нас в новое царство – Царство Своего возлюбленного Сына (Кол. 1:13). Эта великая победа принадлежит нам, но мы должны научиться противостоять врагу и доблестно сражаться за веру – как воины, участвовать в битве с врагом. Подумайте о тех сферах, где вы призваны быть представителями Христа Победителя (титул, данный Иисусу, который означает «победа принадлежит Христу») – в вашей семье, среди друзей, соседей, на работе, перед всеми, с кем вы сталкиваетесь в жизни. Вы теперь воин Христа (2 Тим. 2:1-8) и призваны стойко отражать постоянные нападки врага.

Первое, что мы должны научиться делать, вступая в эту борьбу – это согласовывать своё мышление в соответствии с учением Слова Божьего. На наши чувства и поступки влияют не обстоятельства, а то, что мы говорим сами себе. Мы должны научиться провозглашать себе истины об этой великой битве, о нашем статусе, о победе Христа и об оружии, которым Бог оснащает нас, чтобы помочь нам одержать победу. Поскольку то, что мы говорим сами себе (то, во что мы верим), определяет то, как мы себя ведём, нужно научиться совершенно новым принципам мышления. Нам необходимо научиться принимать то, что говорит Бог, провозглашать победу Христа над силами зла и верить, что когда мы покоряемся Богу и противостоим дьявольской лжи, дьявол убегает от нас.

Прямо с сегодняшнего дня начните просить Духа Святого открывать вам глаза на ложь, в которую вы до сих пор верили. Решите для себя смотреть на свою жизнь не через призму чувств или того, что вы видите вокруг, а через призму Божьего Слова и вашей победы во Христе. Обновление мышления не произойдёт мгновенно, так что наберитесь терпения. Чем чаще вы утверждаете истину и провозглашаете свою победу во Христе, тем сильнее и крепче вы становитесь в духовной борьбе. Начните с сегодняшнего дня просить Бога давать вам силы мыслить по-новому, формировать новые привычки и новое мышление. Поступая так, вы будете жить в победе, дарованной вам Иисусом Христом, не будете разочаровываться и расстраиваться и будете духовно возрастать в своей христианской жизни.

Утверждение

У меня есть враг, который пытается помешать моему служению в Царстве Божьем, так что случающиеся испытания не будут для меня неожиданностью.

Молитва

Ансельм Кентерберийский (1033-1109 гг.) родился во Франции и позже стал церковным лидером в Англии. Из-за того влияния, какое он оказал на богословие, его называют основоположником схоластики. Он известен тем, что нашёл возможность доказать бытие Бога с помощью онтологии.

Молитва о наставлении (Ансельм Кентерберийский)

Господи, Боже мой!
Ныне научи сердце моё: где и как ему искать Тебя?
Где и как ему обрести Тебя?
Ты сотворил меня, и Ты претворил меня,
И все мои блага дал мне Ты –
Все блага, что я имею,
Но доселе ещё не познал я Тебя!
Доселе не мог делать то, для чего сотворён!
Научи меня искать Тебя,
Ибо я не могу ни искать Тебя,
Если Ты не научишь,
Ни обрести Тебя,
Если Ты не явишь Себя.
Да ищу Тебя в воздыханиях моих,
Да воздыхаю о Тебе в исканиях моих.
Да обрету Тебя, возлюбив,
Да возлюблю Тебя, обретая.

~ Дон Л. Дэвис. Путь странника (пер. с англ. – Don L. Davis. A Sojourner's Quest. Wichita, KS: The Urban Ministry Institute, 2010, p. 98)

Крик души к Господу

Дорогой Небесный Отец, Бог и Отец Господа нашего Иисуса Христа, благодарим Тебя за победу над врагом, дьяволом, которую Ты даровал Своим детям. Твоя любовь к нам побудила Тебя даровать нам Своего Сына, и теперь мы освободились от царства тьмы и перешли в Царство Твоего Сына. Ты простил мне мои грехи, примирился со мной Кровью, пролитой на кресте, и дал мне жизнь вечную во имя Иисуса.

Благодарю Тебя, дорогой Отец за то, что теперь я – Твоё дитя, находящееся под водительством Духа Святого, и я могу жить победной жизнью во Христе. Не введи меня во искушение, но избавь меня от всякого зла. Единственное моё желание – превозносить Тебя и прославлять во всём, чем я есть, и во всём, что я делаю. Дай мне благодать сегодня угождать Тебе, ибо Ты единый достоин моего восхваления. Я прошу обо всём этом во имя Иисуса Христа. Аминь.

Для дальнейшего изучения

На сайте www.tumi.org/sacredroots есть раздел с дополнительными видео- и текстовыми материалами.

Нил Андерсон. Победа над тьмой («Библейский взгляд», 2009)

Для следующего занятия

На следующем занятии вы будете проходить урок *«Наше снаряжение»*, затрагивающий три темы:
1. Бог даёт нам оружие для защиты.
2. Мы должны исповедовать истину и противостоять лжи.
3. Мы совершенствуем навыки борьбы, практикуя духовные дисциплины.

Библейский стих для запоминания

Иоанна 16:33

Задания

1. Поставьте себе целью пересмотреть материал этого урока, по крайней мере, три раза в течение этой недели. Потренируйтесь повторять важные истины, проговаривая их для себя вслух каждый день. Например, вы можете сказать: «Благодарю Тебя, Небесный Отец, за то, что по моей вере в Иисуса Христа Ты победил дьявола и разрушил его дела в моей жизни», или: «Эта мысль не от Бога, это ложь, и я не буду её принимать». Пребывая в вере каждый день, вы формируете новое мышление.
2. Одним из методов противостояния дьяволу является пост. Пост – это отказ от пищи или каких-то повседневных занятий с целью особого сосредоточения на Боге и духовной борьбе. Откажитесь от одного из приёмов пищи и используйте это время для молитвы, изучения Библии и размышления о Боге. (Если ваше здоровье не позволяет вам отказываться от пищи, тогда откажитесь от запланированного отдыха или какой-либо телепрограммы).
3. Опишите в блокноте свой опыт поста и поделитесь им с более зрелым христианином из вашей церкви.
4. Запланируйте в своём календаре следующий пост.

Наше снаряжение
Применение Божьего арсенала

Поэтому облачитесь во всё снаряжение Божье, чтобы вы смогли противостать силам зла в день злой и, сделав всё, что можете, устоять. Итак, стойте непоколебимо, препоясав себя истиной и облекшись в броню праведности. Обувью и защитой для ваших ног пусть будет готовность возвещать Евангелие мира. С чем бы вы ни сталкивались, держите в руках крепкий щит веры, способный погасить раскалённые стрелы лукавого. Позаботьтесь также о том, чтобы иметь шлем спасения и меч самого Духа – Слово Божье.

~ Павел к Ефесянам (Еф. 6:13-17)

Цели урока

По окончании этого занятия на тему «*Наше снаряжение*», вы узнаете, что:

- Бог предусмотрел для каждого верующего снаряжение, необходимое для того, чтобы устоять под натиском врага.
- Истины Писания (Слово Божие) помогают нам распознавать ложь, предлагаемую дьяволом, противостоять ей и заменять её правдой.
- Через практику духовных дисциплин Дух Святой развивает в нас способность бороться с врагом.

Молитва о мудрости

Вечный Господь, мой Отец, Ты в Своём Слове говоришь, что Ты – источник всякого знания и мудрости. Я признаю эту истину, дорогой Отец, и прошу: дай мне Твоей божественной мудрости, чтобы я мог верно преподавать слово истины (2 Тим. 2:15). Прошу, вразуми меня и наставь на путь, по которому я должен идти (Пс. 31:8), и руководи мною. Помоги мне услышать Твой голос, исправь то, что я думаю и говорю неправильно, и направь меня на правильный путь, если я заблуждаюсь.

Отец, дай мне дар различения духов и способность различать учения, духов и дары, от Бога ли они. Открой мне Свою волю через Духа Святого и помоги мне понять, как мне её исполнить от всего сердца.

Дорогой Господь, помоги мне, пожалуйста, быть скорым на слышание и медленным на слова, медленным на гнев (Иак. 1:19). Да будут слова моих уст и мысли моего сердца угодными в Твоих очах. Помоги мне с мудростью говорить Твои истины, чтобы слушающие меня поняли их, и они оказались бы им полезными.

Учи меня во время этого занятия, когда я буду принимать Твоё слово и наставление. Прошу об этом всём во имя сильное Иисуса Христа, моего Господа и Спасителя. Аминь!

Связь

1. **«Все мы вовлечены в духовную войну? Но это слегка напоминает мне голливудские фильмы!»** Обсуждая со своим неверующим другом проповедь пастора на тему духовной борьбы, одна новообращённая сестра в первый раз столкнулась с тем, что люди могут сомневаться в реальности духовного мира. Друг Деборы, Ральф, слушал, как она рассказывала ему о своей христианской вере, о том, что Иисус умер на кресте, чтобы заплатить за грехи всего человечества и низвергнуть вражеские силы, страхом смерти державшие людей в рабстве. «Как ты сказала, Дебора? Ты, и вправду, думаешь, что мы участвуем в какой-то духовной битве?» В ответ Дебора сказала: «Да, Библия говорит, что весь мир находится в состоянии войны, и что настоящие враги человечества – не другие люди, а силы зла, сатана, который своей ложью и хитростью заставил людей воспротивиться Богу и начать причинять вред друг другу». «Не думаю, что в это можно поверить, Дебора. Ты считаешь, что каждый из нас участвует в духовной войне? Это слегка напоминает мне голливудские фильмы!» Как бы вы посоветовали Деборе объяснить Ральфу реальность духовной войны?

2. **«Ложь – это самое страшное оружие в мире, сильнее любых снарядов».** Таково мнение одного из лучших учителей Библии в мире – Джона Стотта. Он учил, как правильно понимать Писание, и утверждал, что духовная битва, в которой участвует каждый ученик Иисуса Христа, ведётся, прежде всего, против истины – против правильных взглядов на этот мир и будущее. Он доказывал, что истина Писания (Слово Божие) даёт нам способность распознавать ложь, предлагаемую дьяволом, противостоять ей и заменять её правдой. Что вы думаете об этом утверждении: «Ложь – это самое страшное оружие в мире»? Можете ли вы привести какие-то примеры из истории, когда ложь, в которую поверили люди, привела к ужасным последствиям просто потому, что люди приняли ложь за истину?

3. **«Чем чаще вы что-то делаете, тем лучше у вас это выходит».** Мы – люди привычек, и, как оказывается, это одна из самых полезных особенностей человека. Принцип очень прост: чем чаще мы принимаем ту или иную позицию в отношении чего-либо,

допускаем ту или иную мысль, совершаем тот или иной поступок, тем легче нам это повторить и, как правило, тем лучше это у нас выходит. И поэтому Бог дал нам определённые практики (часто называемые духовными дисциплинами), которые улучшают нашу способность бороться с врагом. Чем чаще мы практикуем христианские дисциплины (проводим больше времени в молитве, в общении с другими верующими, в чтении и изучении Писания и в поклонении Богу), тем сильнее мы становимся, и тем легче нам распознавать дьявольскую ложь и верой противостоять ей. Прочтите Гал. 6:7-9. Как этот текст помогает нам понять важность постоянного, терпеливого практикования духовных дисциплин в процессе возрастания во Христе?

Содержание

На прошлом занятии *(«Наш Враг»)* вы узнали о природе врага. На этом уроке вы узнаете, как использовать «всеоружие Божье», данное Богом для того, чтобы мы доблестно сражались за веру.

Христианская жизнь в своей истинной сущности – это битва, но не против людей, а против духовных сил зла, которые противодействует нам, потому что мы принадлежим Христу. Никогда не стоит удивляться неистовству врага – его нападки будут жестокими и постоянными. Бог приготовил для нас необходимое оружие, полный арсенал духовного вооружения, для того чтобы мы использовали его в духовной войне. Сражение, в котором мы участвуем – это столкновение с духовными силами, которые полны решимости заставить нас пойти на компромиссы в своей вере, оставить Христа и вместо верности Ему полюбить мир и суету.

Библия называет сатанинскую ложь раскалёнными стрелами лукавого, которые можно погасить только щитом веры. Наша вера в Бога сравнивается со щитом, который защищает нас от лукавого – от самого сатаны. Иисус – наш Господь, Божественный Воин, который триумфально победил сатану Своей смертью на кресте и воскресением из мёртвых. Залог нашей победы – великий Победитель Господь Иисус Христос, *Виктор Кристус.*

Поэтому верующие – это духовные воины, армия Христа, победители, понимающие, что поставлено на карту в борьбе с вражеской ложью. Мы должны настроиться на борьбу с врагом, на то, чтобы во всём, что мы делаем, прославлять Христа и стойко сражаться в духовной битве, как дети, доверяя Богу и Отцу Господа нашего Иисуса Христа. С Его помощью мы можем устоять против любых вражеских козней.

Так как самая распространённая тактика дьявола – это ложь, наше сильнейшее оружие – это утверждение истины и отказ верить лжи, постоянная бдительность по отношению к тем вещам, в которые у нас есть искушение поверить. Каждый из элементов Божьего всеоружия, в основе своей, связан с Божьими истинами во Христе. Поэтому чтобы хорошо овладеть разным оружием из Божьего арсенала и с мастерством применять его в борьбе с врагом, мы должны изучить это оружие. Чем больше мы упражняемся, тем лучше будем сражаться, как воины Христовы.

> Сатана вошёл в Эдемский сад и прошептал Адаму и Еве, а через них и всем нам: «Вы не можете доверять Богу... Он что-то утаивает от вас... Вам придётся взять всё под свой контроль».
>
> ~ Джон Элдридж. Великий Эпос: история, которую рассказывает Бог (пер. с англ. – John Eldredge. *Epic: The Story God Is Telling*. Nashville: Thomas Nelson, Inc., 2004, p. 55)

Наше снаряжение
Урок 8 Изучение Библии

Прочтите следующие отрывки из Писания и кратко ответьте на вопросы по каждой библейской истине.

1. *Хотя мы и живём в этом мире, мы не ведём духовную войну по мирским правилам – наше оружие исходит от Бога, Который учит нас эффективной духовной борьбе.* Прочтите 2 Коринфянам 10:3-5 и заполните пропуски.

   а. Оружия воинствования нашего не _____.

   б. Это божественное оружие имеет божественную силу разрушать _____.

   в. Этим оружием мы ниспровергаем _____ и всякое _____, восстающее против познания Бога.

   г. Использование Божьего оружия позволяет нам _____ _____.

2. *Бог оснастил верующих специальным оружием, для того чтобы твёрдо противостоять замыслам нашего врага, дьявола, который использует ложь для устрашения верующих и причинения им зла.* Подберите правильные варианты ответа:

   а. Рим. 13:11-12 ___Всеоружие Божье помогает нам устоять перед дьяволом.

б. Еф. 6:11-12 ___Отвергните дела тьмы и облекитесь в оружие света.

в. 1 Фес. 5:8 ___Броня веры и любви и шлем спасения

3. *Верующие ведут постоянную войну не только с дьяволом, но и с тем, что Библия называет «мир» и «плоть» (наша собственная греховная природа). Сатана атакует верующих снаружи, искушая их мирскими вещами, и изнутри, заставляя их уступать своим греховным желаниям. Соедините библейские ссылки и соответствующий им текст:*

а. Иакова 4:4 ___Враг пытается совратить нас, чтобы мы отвергли Иисуса Христа

б. Иуды 3-4 ___Кто хочет быть другом миру, тот становится врагом Богу.

в. 2 Кор. 11:3 ___Дьявол обвиняет верующих, клевеща на них перед Богом

г. Откр. 12:10 ___Обман – это излюбленное оружие врага, которым он наносит вред верующим

4. *Верующие должны облечься во всеоружие Божье, чтобы устоять в день злой, и, выстояв, остаться твёрдыми в вере. Прочтите Еф. 6:13-18. Соедините доспехи и их предназначение.*

а. Пояс ___спасения

б. Броня ___духовный, то есть Слово Божие

в. Обувь ___готовности благовествовать мир

г. Щит ___истины

д. Шлем ___веры

е. Меч ___праведности

5. *В нашей духовной борьбе Господь – наша сила и защита, Он оснащает нас для борьбы с ложью, клеветой и хитростями дьявола.*

    а. Прочтите Мф. 4:1-11. Как Иисус противостоял нападкам и искушениям врага?

    б. Прочтите Пс. 17:31-48. Назовите три способа, какими Господь помогает Своему духовному воину противостоять вражеским ухищрениям:

        i.

        ii.

        iii.

    в. Прочтите Пс. 143:1-10. Как Господь учит нас бороться с «врагами»: ложью и клеветой, с которыми мы встречаемся каждый день?

6. *Духовный воин должен носить доспехи Божьи и освобождать себя от всего, что мешает ему следовать за Богом.* Прочтите 1 Тим. 6:11-16. В чём мы должны преуспевать, чтобы доблестно сражаться за веру?

7. *Грех снижает нашу боеспособность и может заставить нас сдаться. Но даже если мы и согрешим, Бог дал нам Ходатая, который представляет нас перед Отцом.* Прочтите 1 Иоанна 2:1-2. Кто является нашим адвокатом, выступающим в нашу защиту, когда мы грешим?

8. *Как бы нам ни было тяжело в борьбе с грехом, Божья любовь гарантирует, что в итоге мы победим.* Прочтите Рим. 8:28-39. Заполните пропуски:

    а. Всё содействует _____ тем, кто призван по Его _____ (ст. 28).

    б. Если Бог за нас, кто_____ нас? (ст. 31).

    в. Кто отлучит нас от _____ Христа? (ст. 35).

    г. Мы всё это _____ силою Возлюбившего нас (ст. 37).

    д. Перечислите всё то, что не может отлучить нас от любви Божией во Христе Иисусе, Господе нашем (ст. 38-39).

9. *Меч духовный – это Слово Божье, богодухновенное (вдохновлённое Богом) Писание, которое имеет силу оснащать нас всем необходимым для того, чтобы мы могли устоять и жить согласно нашего призвания во Христе.* Прочтите 2 Тим. 3:16-17. Перечислите три вещи, через которые Писание подготавливает нас ко всякому доброму делу.

10. *Чтобы быть успешными в духовной битве, мы должны дополнить свою веру благочестивыми качествами, которые сделают нас плодотворными в нашей христианской жизни.* Прочтите 2 Петр. 1:3-11 и ответьте на вопросы:

    а. Что нам даровано Его божественной силой? (ст. 3)

    б. К чему мы делаемся причастными, благодаря Его великим и драгоценным обетованиям? (ст.4).

    в. Что ещё, помимо добродетели, мы должны показать в своей вере? (ст. 5-7)

    г. Как нам не остаться без успеха и плода в познании Господа? (ст. 8)

    д. Что характеризует тех, у кого нет этих качеств? (ст. 9)

Краткий конспект

Каждый верующий в Иисуса Христа участвует в войне с миром, плотью и дьяволом. Это война не против других людей, и это не физическая война – скорее, это противостояние вселенским силам зла, которые с помощью лжи и хитрости пытаются обмануть верующих, ввести их в заблуждение и уничтожить. Дьявол бродит, как рыкающий лев, ища кого поглотить (1 Петр. 5:8-9), и потому мы должны бодрствовать, помня о его замыслах и методах. Его атаки на наши разум и сердце будут жестокими и постоянными.

Для того чтобы верующие могли устоять перед врагом в день битвы, Бог приготовил им небесные доспехи, «всеоружие Божие», данное им для духовной борьбы. Излюбленное оружие врага – ложь, описываемая в Библии как раскалённые стрелы лукавого, которые можно погасить только щитом веры (одним из видов оружия, данного Богом). Помимо этого, нам дан пояс истины, броня праведности, обувь благовествования о мире, шлем спасения и меч духовный, который есть Слово Божие.

Подвизаясь в духовной битве, никогда не отчаивайтесь: как добрый воин Иисуса Христа, примите на себя свою долю трудностей и проблем. Помните, что ни один солдат не связывает себя житейскими гражданскими делами, потому что его единственная цель – угодить своему военачальнику (2 Тим. 2:3-4). Атаки врага в форме лжи, обвинений, осуждения и очернения могут быть постоянными. Учиться сражаться означает учиться быть стойкими, дисциплинированными и верными. Чем чаще вы используете Божье всеоружие в борьбе с вражеской ложью, тем чаще вы будете праздновать победу. Имейте терпение и ждите помощи от Бога.

Приложения

В Приложениях вам необходимо изучить и обдумать следующие материалы, относящиеся к данному уроку:

Как начать читать Библию (Прил. 3)
Понимание Библии в целом и по частям (Прил. 13)
Общий обзор Священного Писания (Прил. 17)
Хронологическая таблица Нового Завета (Прил. 18)
Провозглашение Мессии: взаимосвязь Евангелий (Прил. 19)
Да возвеличится Бог! Семь нот: как искать Бога и получить от Него благословение (Прил. 23)

...Подлинная проблема христианской жизни возникает ...в тот самый момент, когда мы просыпаемся поутру. Все наши желания и надежды, связанные с новым днём, набрасываются на нас как дикие звери. И каждое утро наша первая обязанность – в том, чтобы попросту прогнать их; мы должны прислушаться к другому голосу, принять другую точку зрения, позволить, чтобы нас заполнил поток другой, более великой, более сильной и более спокойной жизни. И так целый день... Вначале, обретя подобное состояние духа, вы сумеете сохранять его лишь несколько минут. Но в эти минуты по всему нашему физико-духовному организму распространяется жизнь нового типа, потому что мы позволяем Ему совершать в нас работу. Есть разница между масляной краской, которая покрывает только поверхность, и красителем, пропитывающим окрашенный предмет насквозь.

~ К. Льюис. Духовная классика. Новое издание. Избранные тексты для чтения индивидуально и в группах (под ред. Ричарда Фостера и Джеймса Брайана Смита) (пер. с англ. Н.Трауберг – C. S. Lewis. Richard J. Foster and James Bryan Smith, Eds. *Devotional Classics: Revised Edition: Selected Readings for Individuals and Groups.* Renovare, Inc. (HarperCollins Publishers), New York. 1993. p. 9)

Ключевой принцип	**«Оружие, которое мы используем в нашей битве, не от этого мира»** (2 Кор. 10:4).

Обучающие примеры

Прочтите и поразмышляйте над следующими случаями и понятиями, запишите свои ответы и советы по разрешению этих ситуаций, основываясь на ранее изученном.

1. **«Не всякая приходящая нам в голову мысль приходит от Бога. Научитесь определять источник!»** Новообращённые должны понимать, что их разум – это поле духовной битвы. Враг имеет доступ к нашему разуму и может предлагать нам лживые мысли или искажённую истину. Если принять эту ложь, она может вызвать плохое настроение, сформировать неправильные взгляды, поведение и привычки. И хотя мы имеем божественное оружие для отражения фальшивых идей и ложных взглядов, нам всё же ещё нужно учиться, как «отвечать» дьяволу – как использовать Писание, чтобы разоблачать ложь, предлагаемую врагом.

   Перечитайте историю об искушении Иисуса дьяволом, записанную в Мф. 4:1-11. Как Господь противостоял искушениям дьявола? Каким оружием Он пользовался? Как Он отвечал на дерзкие предложения сатаны в пустыне? Что говорит эта история о нашей собственной духовной борьбе сегодня?

2. **«Я никогда не смогу измениться. Никогда».** В нашу эпоху люди привыкли сиюминутно получать всё, в чём они нуждаются. Никому не нравится мысль о том, что для получения желаемого или необходимого результата придётся долго и упорно трудиться. И такое мышление может очень сильно повлиять и на жизнь христианина. Хоть нам и гарантирована победа, спасение и защита по вере в Иисуса Христа (1 Кор. 15:57; Иоан. 5:24; Рим. 8:35-39; Еф. 1:3), мы всё равно должны учиться сражаться и терпеливо ожидать победы.

   Новообращённые христиане легко теряют надежду, особенно если всё идет очень хорошо вначале, а потом происходит спад. Трудности, испытания и проблемы могут быть очень серьёзными, и они могут повергнуть нас в депрессию. Даже самые опытные христиане могут потерять бдительность и попасть в ловушку искушений и вражеской лжи. Что, по вашему мнению, должен делать верующий, когда ему кажется, что он оказался в замкнутом круге: грешит, кается, снова грешит и снова кается? Что вы можете посоветовать растущему христианину, который отчаялся и потерял надежду на победу над той или иной проблемой в своей жизни?

3. **«Залогом успеха в борьбе является упорство. Первое и последнее правило – никогда не сдавайтесь».** В своём Послании к Галатам Павел, уча верующих тому, что между плотью и Духом происходит постоянная борьба, приходит к следующему выводу:

*Не дайте себя обмануть: Бога невозможно осмеять или проигнорировать, поскольку что бы человек ни посеял, именно это он и пожнёт. Тот, кто сеет в свои греховные страсти и похоти, будет собирать плоды этих похотей – разложение и разрушение. А тот, кто сеет в Духа, пожнёт от Духа вечную жизнь. Давайте, делая добро, не будем терять надежду и поддаваться усталости, и тогда, **если мы не сдадимся**, в надлежащее время мы соберём урожай. Так что, пока у нас есть возможность, давайте делать добро всем, а особенно тем, кто по вере принадлежит к Божьей семье – нашим единоверцам во Христе (Гал. 6:7-10).*

Павел говорит, что мы не должны уставать, делая добро. Другими словами, в духовном смысле мы должны идти к цели, не сдаваясь. Он пообещал галатийским верующим, что если они не сдадутся, они пожнут вознаграждение за свою жертву. В их борьбе всё зависело от того, будут ли они претворять в жизнь то, чему научились, те уроки веры, которые преподал им апостол Павел. Павел пообещал им, что если они решат не сдаваться, то получат вознаграждение за свои усилия.

Что вызывает наибольшее беспокойство у вас? Что больше всего искушает вас уступить, сдаться, перестать бороться? Что вы можете сделать, чтобы «устоять в битве» и противостать искушению сдаться, уступить греху и лжи?

Практическое применение

По вере вы, действительно, освободились из царства тьмы и перешли в Царство нашего Господа Иисуса Христа. И таким образом вы теперь духовный воин, воин Христа, враг «вселенских сил тьмы этого века». И хотя эти силы стараются поймать вас в свои сети лжи, хитрости и обмана и причинить вам зло, вы можете научиться, через веру и опыт, распознавать ложь и противостоять ей. Постоянно работая над этим, вы научитесь различать добро и зло (Евр. 5:11-14). Не бойтесь. Если мы облекаемся в Божьи доспехи, изучаем библейские истины и живём согласно тому, что говорит о нас Бог, мы духовно растём.

Дьявол будет пытаться вас задеть и спровоцировать, но как только вы начнёте молиться, он убежит. И, главное, старайтесь занимать себя полезным трудом. Поступая так, вы не дадите места дьяволу в своей жизни.

~ Фома Кемпийский. Духовная классика. Новое издание. Избранные тексты для чтения индивидуально и в группах (под ред. Ричарда Фостера и Джеймса Брайана Смита) (пер. с англ. – Thomas á Kempis. Richard J. Foster and James Bryan Smith, Eds. *Devotional Classics: Revised Edition: Selected Readings for Individuals and Groups.* Renovare, Inc. (HarperCollins Publishers), New York. 1993. p. 152)

Как это у нас получится? Поскольку самая распространённая тактика дьявола – заставить нас поверить в его ложь, наше лучшее оружие (и наша сильнейшая защита против его нападок) – это утверждение истины. Каждый верующий должен облечься во всеоружие Божие, быть внимательным к дьявольской лжи и противостоять ей, цитируя и утверждая Христовы истины. В каких сферах вашей жизни вам нужны перемены в свете истины, и что об этом говорит Писание? Что в вашей жизни не соответствует истинам Христа? Подумайте о трёх шагах, которые предлагает Павел для того, чтобы жить по истине:

Разумеется, вы не так познали Христа! – предполагаем, что вы слышали о Нём и в Нём научились, так как истина обитает в Иисусе – снять с себя старые одежды вашего прежнего «я», того «я», которое принадлежало вашему прежнему образу жизни, жизни, растлеваемой лживыми желаниями. Лучше обновитесь духом ума вашего, по истине Божьей, и облекитесь в нового человека, созданного по образу Божьему, в истинной праведности и святости.

~ Павел к Ефесянам (Еф. 4:20-24)

Этот отрывок даёт нам увидеть всю глубину того, что означает доблестно сражаться за веру. В первую очередь, необходимо снять с себя «старого человека» (с его ложью и клеветой); во-вторых, надо обновиться духом своего ума (провозглашать себе истины относительно той или иной сферы жизни); в-третьих, нужно облечься в нового человека (действовать согласно истине, пока не сформируются новые привычки мышления, речи и поведения в этой сфере). Уделите как можно больше времени размышлению над этими советами Павла ефесянам и ежедневно их применяйте.

В какой области вашей жизни вам было тяжелее всего отказаться от «ветхого человека» (со всей ложью и клеветой)? От чего именно вам пришлось отказаться? Как вы будете обновлять свой ум? Каким образом вы облечётесь в «нового человека»? Просите у Духа Святого благословения и мудрости, и Он научит вас, как доблестно сражаться за истину в этих сферах вашей жизни.

Утверждение

Я получил от Бога оружие для борьбы, и теперь я должен учиться быть воином Христа, ведя дисциплинированную христианскую жизнь в церкви, провозглашая себе истину и отказываясь верить в ложь.

Молитва

Тереса Санчес Сепеда д'Авила-и-Аумада (1515-1582 гг.) – испанская монахиня, начавшая служить Христу в возрасте двадцати лет. Она была очень посвящённой христианкой и имела уникальный дар описывать свою духовную жизнь. Самое известное её произведение о молитве – «Внутренний за́мок», описывает её глубокие и сокровенные отношения с Богом.

Молитва предания себя Богу (Тереза Авильская)

Управляй всем по Своей мудрости, о Господь, чтобы душа моя могла служить Тебе по Твоей воле, а не по моим желаниям.
Молю Тебя, не наказывай меня, давая мне то, чего я желаю или прошу, если это оскорбляет Твою любовь, вечно пребывающую во мне. Дай мне умереть для себя, чтобы я могла служить Тебе, Кто единый есть истинная жизнь. Аминь.

~ Дон Л. Дэвис. Путь странника (пер. с англ. – Don L. Davis. *A Sojourner's Quest*. Wichita, KS: The Urban Ministry Institute, 2010, p. 98)

Крик души к Господу

Вечный Бог, Господь и Властитель, благодарю Тебя за то, что по Своей удивительной благодати Ты дал нам оружие для защиты от вражеских сил, с которыми мы сталкиваемся в этом мире. Ты не оставил нас беспомощными в этой великой битве за Твоё Царство. Мы имеем Твоего Духа Святого, прощение через кровь Иисуса Христа, оружие света и истины Священного Писания – Твоё Слово. Мы были приняты в Твою семью, наделены дарами Духа Святого и имеем чудесное обетование и надежду вечной жизни. Дорогой Отец, теперь помоги нам использовать эти чудесные дары, жить согласно Твоему обещанию вечной жизни и отвергать ложь и обман, учась жить по истине. Дай нам сил с честью нести Твоё имя, облекаясь во всеоружие Божье, и учиться никогда не сдаваться, но стоять твёрдо в день испытания. Прошу Тебя обо всём этом во имя Иисуса Христа, аминь.

Для дальнейшего изучения	*На сайте www.tumi.org/sacredroots есть раздел с дополнительными видео- и текстовыми материалами.* William J. Backus. *Telling Yourself the Truth*. Grand Rapids, MI: Bethany House Publishers, 2000.
Для следующего занятия	На следующем занятии вы будете проходить урок «*Наша стойкость*», затрагивающий три темы: 1. Мы должны быть бдительны, чтобы нас не застали врасплох. 2. В духовной борьбе нам помогает Дух Святой – через молитву. 3. Мы поддерживаем друг друга в борьбе.
Библейский стих для запоминания	2 Коринфянам 10:4
Задания	1. Враг пытается нас обмануть, поэтому мы должны постоянно провозглашать истину. Перечислите в своём блокноте все лживые мысли, которые в последнее время посылал вам лукавый: ложь о вашем спасении, о Боге, о других людях. Запишите, почему эти утверждения лживы. Найдите, что по этим вопросам говорит Бог в Священном Писании, какие слова Писания противоречат этой лжи. 2. Исповедание своих грехов является ещё одним способом борьбы. Уделите 10 минут молитве и попросите Бога показать вам любые грехи, которые вам нужно исповедать. Помолившись, побудьте в тишине и прислушайтесь к голосу Бога. Если Он напомнит вам о каких-то грехах, просто согласитесь с Богом и не пытайтесь найти себе оправдание. А затем примите Его милость и прощение, дарованное вам через пролитую кровь Христа. 3. Найдите опытного верующего и попросите его поделиться с вами опытом исповедания грехов и принятия прощения. Исповедуйте перед ним свои грехи и попросите, чтобы он сказал вам что-либо о прощении и исцелении, и чтобы эти брат или сестра помолились за вас.

Наша стойкость
Терпение святых

> Молитесь в Духе постоянно и во всякое время, принося разные молитвы и прошения. И, помня об этом, будьте бдительны со всяким терпением, ходатайствуя перед Богом за всех святых Божьих, избранных Его.
>
> ~ Павел к Ефесянам (Еф. 6:18)

Цели урока

По окончании этого занятия на тему *«Наша стойкость»*, вы узнаете, что:

- Основной принцип возрастания во Христе состоит в том, чтобы учиться быть терпеливым, бдительным, не давать застать себя врасплох; мы должны постоянно и упорно стремиться к получению венца, как бы ни было трудно.
- Дух Святой через молитву помогает нам сохранять терпение в духовных битвах и даёт нам силу жить согласно тому, к чему мы призваны, и оставаться верными.
- Если мы верны Христу, верно исполняем наше служение, мы можем и других верующих укреплять в их борьбе.

Молитва о мудрости

Вечный Господь, мой Отец, Ты в Своём Слове говоришь, что Ты – источник всякого знания и мудрости. Я признаю эту истину, дорогой Отец, и прошу: дай мне Твоей божественной мудрости, чтобы я мог верно преподавать слово истины (2 Тим. 2:15). Прошу, вразуми меня и наставь на путь, по которому я должен идти (Пс. 31:8), и руководи мною. Помоги мне услышать Твой голос, исправь то, что я думаю и говорю неправильно, и направь меня на правильный путь, если я заблуждаюсь.

Отец, дай мне дар различения духов и способность различать учения, духов и дары, от Бога ли они. Открой мне Свою волю через Духа Святого и помоги мне понять, как мне её исполнить от всего сердца.

Дорогой Господь, помоги мне, пожалуйста, быть скорым на слышание и медленным на слова, медленным на гнев (Иак. 1:19). Да будут слова моих уст и мысли моего сердца угодными в Твоих очах. Помоги мне с мудростью говорить Твои истины, чтобы слушающие меня поняли их, и они оказались бы им полезными.

Учи меня во время этого занятия, когда я буду принимать Твоё слово и наставление. Прошу об этом всём во имя сильное Иисуса Христа, моего Господа и Спасителя. Аминь!

Связь

1. **«Почему так много христиан и даже пасторы отказываются от своей веры?»** В наши дни многие люди, говорившие, что знают Иисуса Христа как Господа, отрекаются от веры, оставляют церковь и отказываются от призвания служить Христу. Это происходит не только среди рядовых христиан, но и среди служителей церкви. Рекордное количество церквей закрываются, а многие служители отворачиваются от Библии и от самого Христа. Кто-то пытается найти объяснение этой проблеме, в то время как другие стараются сделать христианство более «привлекательным» или «современным». Какова, по вашему мнению, причина того, что многие верующие в наши дни перестают ходить в традиционную церковь, а некоторые даже отказываются от веры в Христа?

2. **«Это был очень трудный период, и я испытываю огромное разочарование в себе. Я даже думал всё бросить и вернуться назад, к прежней жизни!»** Многие новообращённые часто оказываются на пути взлётов и падений: от подъёма, когда проявляется верность и любовь ко Христу, к спаду в период искушений и компромиссов с тем, во что ты веришь. Часто повторяющиеся падения и необходимость снова вставать и продолжать идти обескураживают новообращённых. Писание говорит об этом: «Ибо семь раз упадёт праведник и встанет; а нечестивые впадут в погибель» (Прит. 24:16). Христианская жизнь имеет невероятную ценность, но эта жизнь нелёгкая. Почему для растущего ученика Христа так важно быть терпеливым с собой на пути следования за Богом?

3. **«Мы учимся послушанию так же, как научился Христос – через страдания».** Один из самых нелёгких уроков для новообращённых христиан состоит в том, что христианская жизнь не лишена проблем, трудностей и испытаний. Можно почувствовать себя обманутым, когда читаешь, что говорит псалмопевец: «Много скорбей у праведного, и от всех их избавит его Господь» (Пс.33:20). Если честно, мы бы предпочли никогда не страдать и хотели бы избежать всех трудностей и испытаний. Некоторые из нас обижаются или даже чувствуют себя обманутыми, видя, что хоть они и Божьи любимые дети, а им приходится переживать столько страданий и горя. И если вы стали христианином недавно, вам может быть нелегко оставаться терпеливыми в подобных трудностях.

Однако Библия уверяет нас, что Христос учился таким же образом: во время Своей жизни на земле, Иисус со слезами просил и молился Тому, Кто мог спасти Его от смерти. И Его молитвы были услышаны благодаря тому, что Он был послушен и покорился Богу. Хотя Иисус был Сыном Божиим, практическому послушанию Он научился через страдания (Евр. 5:7-8). Каким образом пример Христа даёт нам надежду, когда мы учимся переносить трудности в своём следовании за Богом?

Содержание

На прошлом уроке (**«Наше снаряжение»**) вы изучали виды оружия для нашей борьбы. На этом занятии вы научитесь, как доблестно сражаясь за веру, возрастать в терпении и стойкости.

Чтобы научиться что-то терпеть, надо не убегать от этого. Мы должны решить для себя, что будем действовать в соответствии с тем, во что верим или что знаем. Надо не сдаваться или не возвращаться к старому. Даже если нам становится тяжело, неспокойно, или гаснет наша надежда, мы должны настраивать себя идти вперёд, продолжать борьбу, доверяя Божьим обетованиям, ожидая от Него сил и водительства. И поэтому терпение – это своего рода упорство святых, решение не поддаваться отчаянию и не отказываться от своей веры, когда сталкиваешься с трудностями и испытаниями. Терпение говорит: «Что бы ни случилось, я не предам свою верность Господу».

Мы можем продвигаться вперёд, к своим целям во Христе, молясь в Святом Духе, имея веру в Божьи обетования и поддержку других верующих. Мы способны прославить Евангелие и Царство нашего воскресшего Господа Иисуса Христа только, если мы сохраним терпение. Если мы не сдадимся, победа будет нашей.

Терпение в сражении за веру может быть проиллюстрировано на примере воинов, спортсменов и земледельцев (2 Тим. 2:1-8). Воины учатся переносит лишения, находясь долгое время без пищи, сна, в усталости или в опасности. Спортсмены тренируются в любую погоду и в любых условиях, делая над собой усилия, преодолевая усталость и боль. Земледельцы, хотя и не могут управлять погодой и многими другими условиями для выращивания плодов, всё равно терпеливо ожидают урожая.

На этих примерах мы можем поучиться терпению. Мы должны быть готовыми пробовать новое, ошибаться и снова пробовать, зная, что Господь Сам сражается за нас. Мы можем сеять семя и терпеливо ждать, потому что в нужное время Господь даст нам урожай.

Молитва – это военная рация, данная церкви, идущей в наступление на силы тьмы и неверия. Поэтому неудивительно, что молитва не работает, когда мы используем её как домашний телефон для внутренних звонков из подвала наверх, чтобы заказать себе побольше удобств. Бог дал нам молитву в качестве военной рации, по которой мы должны передавать в штаб, в чём мы нуждаемся для распространения Царства Христового в мире.

~ Джон Пайпер. *Да веселятся народы!*
(пер. с англ. – John Piper. *Let the Nations Be Glad*.
Grand Rapids, MI: Baker Academic, 2010, p. 65)

Наша стойкость
Урок 9 Изучение Библии
Прочтите следующие отрывки из Писания и кратко ответьте на вопросы по каждой библейской истине.

1. *Преграды и враги пытаются помешать верующим возрастать в вере и приносить плод для Христа.* Прочтите Мф. 13:1-9 и 13:18-23. Соедините четыре вида почвы и описание того, что произошло с семенем.

   а. Семя, упавшее при дороге

   ___Семя взошло, но под сильным солнцем увяло и засохло

   б. Семя, упавшее на каменистую почву

   ___Семя было заглушено растущим там тернием

   в. Семя, упавшее в тернии

   ___Налетели птицы и склевали семя

   г. Семя, упавшее на добрую почву

   ___Принесло плод, одно в 30 крат, иное – в 60 крат, а иное – в 100.

2. *Так как мы окружены столькими людьми, которые смогли устоять в вере, мы должны удалить всё, что нам мешает, и позволить Иисусу помочь нам пройти наше поприще.* Прочтите Евр. 12:1-11. Заполните пропуски:

   а. _____ проходите предлежащее нам поприще (ст. 1).

   б. Мы терпим наказание для исправления; если вы терпите наказание, то Бог поступает с вами как с _____(ст. 7).

в. Всякое наказание кажется болезненным, но позже
_____ наученным через него (ст. 11).

3. *Мы можем научиться терпению, вспоминая верность христиан, которые не сломались под тяжестью испытаний.*

а. Прочтите 1 Кор. 10:1-13. Как мы можем научиться стойкости в вере из примеров, приведённых в Писании?

б. Прочтите Иов 23:8-14. Чему мы можем научиться у Иова? Как правильно реагировать на проблемы и испытания?

4. *Молитва – это Божий ответ и дар для каждого христианина, проходящего через боль или тяжёлые времена.* Соедините библейскую цитату и соответствующий ей текст.

а. Лука 18:1-8   ___Просите, ищите и стучите в молитве, и Бог даст необходимое

б. 1Фес. 5:17; Рим. 12:12   ___Вам нужно терпение, чтобы, исполнив Божью волю, получить обещанное

в. Лука 11:5-13   ___Постоянно молитесь

г. Евр. 10:36-38   ___Мы должны всегда молиться и не унывать

д. Еф. 6:18   ___Молитесь во всякое время, облачаясь во всеоружие Божье

5. *Верующие должны никогда не сдаваться, но и всегда поддерживать друг друга в вере во время испытаний.* Прочтите Послание Иуды 20-25 и заполните пропуски.

а. Иуда говорит, что мы должны _____ на святейшей вере и молиться_____, ожидая милости от Господа для вечной жизни.

б. _____, ожидая милости от Господа нашего Иисуса Христа, для вечной жизни.

6. *Если мы сеем в Духа и сохраняем терпение, мы пожнём хороший урожай, но только если не сдадимся.* Прочтите Гал. 6:7-10. Заполните пропуски:

   а. Бог поругаем не бывает, что _____, то он и _____.

   б. Делая добро, да не унываем; ибо в своё время пожнём, если _____.

7. *Если мы хотим благочестиво жить во Христе, мы обязательно столкнёмся с гонениями, но Бог будет укреплять нас, если мы пребудем в Его Слове.* Прочтите 2 Тим. 3:10-17 и перечислите три вещи, которые являются истинными для тех, кто полагается на Христа в трудные времена.

   а.

   б.

   в.

8. *Как ученики Христа, мы должны учиться переносить трудности, как это делают воины, спортсмены и земледельцы.* Прочтите 2 Тим. 2:1-8. Соедините подходящие утверждения. Как эти примеры помогли вам лучше понять суть христианской жизни?

   а. Что ты слышал от меня   ___получает венец, если борется по правилам

   б. Переноси страдания   ___передай верным людям, которые были бы способны и других научить

   в. Атлет, который участвует в соревновании   ___ первый вкушает от плодов

   г. Трудящийся земледелец   ___как добрый воин Иисуса Христа

   д. Помни Иисуса Христа   ___от семени Давидова

9. *Мы не должны унывать при различных испытаниях, а принимать их с чистой радостью, зная, что через них Бог укрепит нас, и что Он даст нам мудрость пройти через любые трудности.* Прочтите Иак. 1:2-8 и ответьте на вопросы:

   а. Как мы должны принимать различные искушения? (ст. 2)

   б. Что происходит, когда терпение имеет совершенное действие? (ст. 4)

   в. Что Бог побуждает нас делать, когда нам недостаёт мудрости? (ст. 5-8)

Краткий конспект

Как доблестные борцы за веру, мы призваны сохранять терпение и быть стойкими до конца. Сохранять терпение означает идти вперёд, несмотря на трудности, не пытаться спрятаться или избежать проблем. Служа Христу в этом враждебном мире, мы постоянно сталкиваемся с мирскими искушениями, с греховными побуждениями нашей плоти и с ложью дьявола. Мы находимся под давлением, боремся с проблемами и непониманием. Оказавшись в испытаниях, мы должны принимать их с радостью, зная, что Господь использует их, чтобы научить нас ждать Его действия и полагаться на Его обещания.

Сохранять терпение означает быть упорными в вере со святостью и дерзновением. Часто мы не понимаем причин наших испытаний, но наше доверие Богу всё равно должно оставаться непоколебимым. Мы не должны допускать, чтобы какие-то трудности настолько потрясли нас или разочаровали, что мы были бы готовы отвернуться от Господа. Сохранять терпение означает полагаться на то, что Бог поможет нам и даст силы для того, чтобы оставаться верными нашему завету с Господом. Мы можем быть уверенными, что Бог восполнит все наши нужды в испытаниях – через других верующих, через молитву в Духе Святом и через ободрение из Писания. Заканчивая этот курс, помните, что это только начало. Сейчас не время сдаваться, не время для компромиссов с совестью. Будьте стойкими и верьте, что Господь восполнит ваши нужды.

Приложения

В Приложениях вам необходимо изучить и обдумать следующие материалы, относящиеся к данному уроку:

Гора (Прил. 15)
Уполномоченные представлять Христа: преумножение учеников для Царства Божьего (Прил. 20)

Этика Нового Завета: живя в парадоксальном Царстве Божьем
  (Прил. 21)
Да возвеличится Бог! Семь нот: как искать Бога и получить от Него
  благословение (Прил. 23)

Мы вновь пришли к пониманию того, что правила и принципы, применимые в науке, спорте и музыке, в равной мере применимы и в нашей религиозной жизни. Когда-то было модно провозглашать абсолютную свободу в этой области и свысока смотреть на тех, кто живёт по правилам, но теперь подобная снисходительность вышла из моды. Мы не можем не признать, что те, кто живут по правилам, имеют бо́льшую силу... Мы начинаем замечать ту прекрасную истину, что христианин – это тот, кто обуздывает себя, несёт иго Христа и таким образом отказывается от дешёвой свободы. Мы вновь начинаем осознавать значение слов Христа о том, что путь, ведущий к погибели, широк, а путь, ведущий к жизни, очень узок. И как мы теперь видим, христианин – это не тот, который поступает так, как ему нравится, а тот, кто старается поступать так, как нравится Богу.

~ Элтон Трублад, *«Иго Христово»*
(пер. с англ. – Elton Trueblood. *The Yoke of Christ.*
Waco, TX: Word Books Publisher, 1958, pp. 130-131)

Ключевой принцип

«Будь верен до смерти, и Я дам тебе венец жизни» (Откр. 2:10).

Обучающие примеры

Прочтите и поразмышляйте над следующими случаями и понятиями, запишите свои ответы и советы по разрешению этих ситуаций, основываясь на ранее изученном.

1. **«Я как на качелях: то вверх, то вниз».** Молодой человек, принявший Христа всего несколько месяцев тому назад, поделился своим разочарованием из-за проблем и трудностей, с которыми он сталкивается. У него, как никогда раньше, появились проблемы дома, непонимание на работе и постоянные искушения. Весь этот ком проблем заставил юного воина Христа разочароваться в себе и поставить под сомнение «правильность» своей веры. Из-за множества проблем, он начал думать: «Я как будто нахожусь на качелях: то вверх, то вниз. Я сейчас очень нестабилен. И я спрашиваю сам себя, что я делаю не так? Я знаком со многими христианами, но не знаю никого, кто бы находился в похожем состоянии». В свете изученных библейских стихов, что вы посоветуете этому новообращённому христианину: что ему делать?

2. **«Не знаю, что бы я делал без поддержки народа Божьего! Всё только благодаря им».** Один брат, принявший Христа в тюрьме, после своего освобождения стал членом поместной церкви. Он старался проводить время с верующими так часто, как это только было возможно. Он посещал все богослужения и занятия и быстро подружился с другими братьями в церкви. Он участвовал в различных евангелизационных служениях церкви, а также спрашивал у пастора совета по вопросам своей личной жизни. На протяжении многих лет церковь была его вторым домом – на самом деле вторым домом вдали от настоящего дома. И размышляя о том, как Бог использовал пастора и других верующих в его жизни, он сказал: «Даже не знаю, что бы я делал без поддержки народа Божьего! Это всё они! Благодаря их поддержке, любви и советам, я продолжаю служить Господу и сегодня». Как этот пример помогает нам понять, какую роль играют другие верующие в поддержании нашей стойкости в вере?

3. **«Когда я, наконец, увижу изменения? Я борюсь с этим искушением уже столько времени! Мне кажется, я уже очень долго жду».** Иногда мы испытываем подъём в христианской жизни, Бог учит нас чему-то новому, победы следуют одна за другой, вызывая в нас чувство удивления, радости, счастья. Но случается и так, что проблемы и испытания тянутся долгое время, и мы не видим им конца. Верующие легко могут потерять надежду во время длительной болезни, из-за потери близкого человека или каких-то моральных падений. Один из самых ценных христианских уроков – умение ждать ответа от Бога *в тяжёлой борьбе*. Чтобы пройти *через* испытания и выдержать их, нам нужна Божья благодать.

Вот почему в христианской жизни так важна дисциплина. Несмотря на то, как мы себя чувствуем и какие проблемы нас окружают, мы должны быть постоянными в молитве, в общении с другими верующими, в чтении Слова Божьего и следовании за Господом. Почему важно никогда не допускать, чтобы то, что мы переживаем, влияло на нашу стойкость во время испытаний? Почему опасно идти на поводу у своих эмоций и чувств в том, что касается духовной дисциплины или наших отношений с другими христианами?

Практическое применение

Воистину, основной принцип возрастания в вере – это умение сохранять терпение, бдительность и не давать застать себя врасплох. Мы должны стремиться вперёд к получению награды, как бы тяжело нам ни было. Но мы не одни на своём пути. У нас есть, откуда черпать силы для того, чтобы оставаться верными своему призванию и доблестно сражаться за веру. Нас ободряет Дух Божий – Он постоянно пребывает в нас, действует через дары других верующих, чтобы ободрить и укрепить нас в часы испытаний. Каждый растущий христианин встречает трудности на своём пути: искушения, приходящие извне и изнутри, но мы должны учиться стойкости. Обратите внимание на то, сколько времени вы уделяете молитве, чтению Библии, служению в церкви. Что, как говорит вам Дух Святой, вам необходимо сделать, чтобы научиться сохранять терпение в ваших обстоятельствах? Выберите одну-две вещи, принесите их в молитве перед Богом, и начните с сегодняшнего дня бороться с искушениями, полагаясь на силу Господа. Помните, что вы не оставлены один на один со своими проблемами: все ученики Христа учатся переносить испытания (2 Тим. 3:12), и Господь вас никогда не оставит и не покинет (Пс. 26:1-3). Полагаясь на Господа и Его силу, вы сможете преодолеть все испытания и во всём прославить Христа.

> Многие нервные и эмоциональные расстройства являются результатом стиля жизни людей, которые годами привыкли во всём потакать себе. Я не имею ввиду алкоголиков или распутников, я говорю об уважаемых христианах, которые боятся самой мысли притронуться к спиртному или совершить какой-то серьёзный аморальный поступок. Но при этом они остаются недисциплинированными, и эта их слабость однажды проявляется фатальным образом, когда случаются трудности и испытания. Их привычка по жизни убегать от проблем, изолироваться от неприятных людей, искать лёгкого пути и при первых трудностях бросать начатое проявляется в невротичной беспомощности и бессилии. Можно прочитать сколько угодно книг, проконсультироваться у множества докторов и проповедников, вознести бесчисленное количество молитв и дать много религиозных обещаний, можно напичкать пациента лекарствами, советами, подвергнуть его дорогостоящему лечению или занять духовным самоистязанием, но ни одно из этих средств не откроет истинную причину – отсутствие дисциплины. И единственный путь к исцелению – стать дисциплинированным человеком.
>
> ~ Ричард Тейлор, «Дисциплинированный образ жизни»
> (пер. с англ. – Richard Shelly Taylor.
> *The Disciplined Life: Studies in the Fine Art of Christian Discipleship.*
> Kansas City, MO: Beacon Hill Press, 1962, pp. i-ii)

Утверждение

Несмотря на сопротивление, с которым я сталкиваюсь, Духом Святым мне дана сила для того, чтобы я постоянно был бдительным, до конца сохранил терпение и помогал другим верующим делать то же самое.

Молитва

Джон Уэсли (1703-1791) – один из девятнадцати детей Сюзанны и Самуэля Уэсли (причём Сюзанна Уэсли и сама является героиней веры). Будучи студентом колледжа, Джон собирался вместе с друзьями, чтобы ободрять друг друга вести святую жизнь, за что другие стали называть их «методистами» – за их методичный подход. Джон был неустанным проповедником и организатором, который обращался к простым англичанам из провинции. И благодаря этому, как говорят историки, он спас страну от кровавой революции. Джон Уэсли продолжил оказывать влияние и после своей смерти, когда многие проповедники-методисты пересекли границу Америки, чтобы проповедовать там Евангелие.

Молитва посвящения

Я уже не свой, но Твой.
Веди меня туда, куда Ты хочешь, к тем людям, к каким Тебе угодно.
Дай мне служить и страдать.
Дай мне служить для Тебя и быть отделённым для Тебя,
Возвышенным или униженным ради Тебя.
Пусть Твоя рука наполняет или опустошает меня.
Пусть Твоя рука дарует мне всё или лишает меня всего.
Я от всего сердца и по своей воле
Вверяю всё Тебе к Твоей радости и в Твоё распоряжение.
И отныне, о, благословенный и прославленный Бог,
Отец, Сын и Дух Святой,
Я – Твой, а Ты – мой.
Да будет так.
И да будет завет, в который я вступил на земле,
Утверждён на небесах.
Аминь.

~ Из жизнеописания Джона Уэсли, согласно традиции Британской методистской церкви, 1936 г.

Крик души к Господу

Вечный Бог, Отец Господа моего Иисуса Христа, я верю в Тебя, как в моего Бога и Спасителя. Ты даровал мне вечную жизнь во имя Его и желаешь, чтобы я теперь жил христианской жизнью, беря с Него пример, оставаясь верным Тебе, Твоему Евангелию и заветам. Даруй мне мир и благодать, которые может дать только Дух Святой, чтобы я через молитву, Слово Божие, общение с другими учениками Христа и участие вместе с ними в богослужениях и в Вечере Господней, находясь в тесной связи с Тобой, мог жить полнотой той жизни, которую Ты дал мне. Помоги мне никогда не отчаиваться, но всегда молиться и полагаться на Твою силу, искать Твою волю всем сердцем, чтобы Ты был прославлен, и Царство Твоё было провозглашено там, где я живу и работаю. Я люблю Тебя, Отец. Помоги мне быть стойким. Прошу во имя Иисуса Христа, аминь.

Для дальнейшего изучения

На сайте www.tumi.org/sacredroots есть раздел с дополнительными видео- и текстовыми материалами.

Don L. Davis. *A Compelling Testimony*. Wichita, KS: The Urban Ministry Institute, 2012. (Этот источник можно найти здесь: *www.tumistore.org*)

Библейский стих для запоминания

1 Тимофею 6:12

Задания

1. Составьте список всех проблем, трудностей и испытаний, с которыми вы сейчас столкнулись, и доверьте всё Богу. Попросите у Бога мудрости в разрешении каждой проблемы и посоветуйтесь с пастором или другими зрелыми наставниками о том, как именно вы можете прославить Бога в каждой ситуации.
2. Практика уединения – один из способов научиться доблестно сражаться за веру. Мы должны научиться в тишине слушать Бога. Уделите пять минут тому, чтобы просто побыть с Богом в молчании. Ничего не читайте и не говорите, просто слушайте.
3. Договоритесь со своим верующим другом упражняться в этом в течение недели, каждый день продлевая время, проведённое в уединении, к концу недели доведя его до одного часа.

ПРИЛОЖЕНИЯ

Приложение 1

Однажды давным-давно

Грандиозная история нашего мира, проходящая через всю Библию

преп. д-р Дон Л. Дэвис

От вечности до вечности наш Господь есть Бог...

От вечности, этой ни с чем не сравнимой тайны бытия, до начала времён, наш Триединый Бог пребывал в совершенной красоте, в вечном общении Отца, Сына и Святого Духа. В вечных отношениях между личностями Троицы великий «Я есть» являл Свои совершенные качества, не имея нужды ни в чём, пребывая в безграничной святости, радости и красоте. По Своей суверенной воле наш Бог, движимый любовью, решил сотворить Вселенную, которая бы отражала Его великолепие, где была бы видна Его слава, и где люди, сотворённые по Его образу и подобию, могли бы жить в общении и радостном единении с Ним, для славы Его.

...Который, будучи суверенным Богом, сотворил мир, восставший впоследствии против Его власти.

Воспламенённые похотью, алчностью и гордостью первые люди восстали против воли Бога, обманутые великим князем этого мира, сатаной. Его дьявольский план низвергнуть Бога, правителя над всем, привёл к тому, что бесчисленные ангелы на небесах восстали против святой воли Бога. Своим непослушанием Адам и Ева навлекли проклятие и смерть на себя и своих потомков и повергли мир в хаос, страдания и зло. По причине греха и непослушания было утрачено единство Бога и Его творения, и теперь всё сущее испытывает последствия такого великого отчуждения, отделения и проклятия, ставших неизбежной реальностью для всего сущего. Ни ангелы, ни люди и никакое другое существо не могут исправить такое положение вещей. Без прямого вмешательства Бога вся Вселенная, мир и всё творение погибли бы.

Но по Своей милости и любви Господь Бог пообещал послать Спасителя для искупления Своего творения.

По Своей суверенной и верной любви, Бог решил исправить последствия вселенского восстания, послав в мир Победителя — Своего единственного Сына, который должен был принять человеческий образ согрешивших Адама и Евы, пережить богооставленность и преодолеть её, и пострадать за грехи и непослушание всего человечества. Таким образом, будучи верен Своему обещанию, Бог ради спасения человечества стал прямым участником человеческой истории. Бог сошёл на землю, чтобы восстановить Своё творение, раз и навсегда победить зло и создать народ, через который Победитель от Него вновь утвердит Божью власть в этом мире.

Для этой цели Он создал народ, из которого произойдет Властитель...
Так, через Ноя, Он спасает мир от его же зла, а через Авраама Он избирает народ, из которого должно произойти Семя. Через Исаака Бог продолжает исполнять Своё обещание Аврааму, а через Иакова (Израиля) Он создаёт Свой народ, избирая колено (Иуду), из которого произойдёт Мессия. Через Моисея Бог избавляет Свой народ от рабства и даёт им закон, а потом, через Иисуса Навина, приводит народ в Обетованную землю. Через судей и духовных лидеров Он управляет Своим народом, а с Давидом заключает завет, по которому обещает произвести из его колена Царя, который будет царствовать вечно. Несмотря на обетования, Божий народ вновь и вновь нарушает завет с Богом. Их упрямство и постоянное отступление от Бога приводит к Божьему наказанию, вторжению иноплеменников, свержению царя и пленению нации. По Своей милости Бог вспоминает о Своём завете и позволяет небольшому остатку народа вернуться из плена, так как Его обетования ещё не исполнились, и история не завершилась.

...Который, как Победитель, по наступлению полноты времени, сойдёт с небес и одержит победу на кресте.
Наступил период четырёхсотлетнего молчания. Однако, когда подошло время, Бог исполнил Своё обещание по завету: воплотившись в человека, Он пришёл в этот мир зла, страданий и богооставленности. В личности Иисуса из Назарета Бог сошёл с небес и жил среди нас, являя нам славу Отца, исполняя все заповеди Божьего морального закона и демонстрируя силу Божьего Царства Своими словами, делами и изгнанием бесов. На кресте Он взял на Себя наше непослушание, победил смерть и дьявола и на третий день воскрес, чтобы восстановить падший мир, покончить с грехом, болезнями и войной и даровать вечную жизнь всем, кто примет Его спасение.

Очень скоро Он придёт в этот мир опять, чтобы сотворить всё новое.
После того, как Господь Иисус Христос вознёсся на небеса, чтобы восседать по правую руку от Отца, Он послал в мир Духа Святого, создав из иудеев и язычников новый народ – Церковь. Под Его руководством Церковь словом и делом свидетельствует всему творению о Евангелии примирения, а когда миссия Церкви завершится, Христос вернётся во славе, чтобы завершить Своё дело спасения всего творения. Скоро Он навсегда уничтожит грех, зло, смерть и последствия великого проклятия, восстановит всё творение под Своим управлением и создаст новое небо и новую землю, где всё сущее будет пребывать в радостном шаломе с триединым Богом вовеки для Его чести и славы.

И все спасённые будут жить долго и счастливо...

Конец

Приложение 2

История, которую рассказывает Бог
преп. Дон Аллсман

Название главы	Краткое содержание главы	Ключевой стих
Попытка переворота До начала времён Бытие 1:1-а	До создания мира Бог пребывал в совершенном общении. Дьявол и его последователи восстают против Бога и порождают зло.	В начале было Слово, и Слово было у Бога, и Слово было Бог. Оно было в начале у Бога. Всё через Него начало быть, и без Него ничто не начало быть, что начало быть (Иоанна 1:1-3).
Восстание (Творение и грехопадение) Бытие 1:1-б–3:13	Бог создаёт человека по Своему образу и подобию, а человек присоединяется к дьяволу в бунте против Бога.	Поэтому, как одним человеком грех вошёл в мир, и грехом – смерть, так и смерть перешла во всех людей, потому что в нём все согрешили (Рим. 5:12).
Подготовка к вторжению (Патриархи, цари и пророки) Бытие 3:14 - Малахия	Бог решает отделить Себе народ, из которого произойдёт Царь для того, чтобы спасти всё человечество, включая язычников. Намёки на этот Божий план борьбы встречаются на всём пути.	Израильтян, которым принадлежат усыновление и слава, и заветы, и законоположение, и богослужение, и обетования; их и отцы, и от них Христос по плоти, сущий над всем Бог, благословенный во веки, аминь (Рим. 9:4-5).
Победа и избавление (Воплощение, искушение, чудеса, воскресение) Матфей - Деяния Апостолов 1:11	Спаситель пришёл, чтобы обезоружить врага.	Для того-то и явился Сын Божий, чтобы разрушить дела дьявола (1 Иоан 3:8-б).
Армия наступает (Церковь) Деяния 1:12 - Откровение 3	Спаситель открывает Свой план, по которому избранный народ, вкусив, что есть Царство Божие, начинает постепенно отвоёвывать территории врага.	Чтобы теперь сделалась известной через Церковь начальствам и властям на небесах многоразличная премудрость Божия, по предвечному определению, которое Он исполнил во Христе Иисусе, Господе нашем (Еф. 3:10-11).
Последняя битва (Второе пришествие) Откровение 4-22	Спаситель вернётся, чтобы разбить врага, жениться на Своей Невесте и занять полноправное место на престоле.	А затем конец, когда Он предаст Царство Богу и Отцу, когда упразднит всякое начальство и всякую власть и силу. Ибо Ему надлежит царствовать, доколе низложит всех врагов под ноги Свои. Последний же враг истребится – смерть (1 Кор. 15:24-26).
Война между двумя царствами	Основная сюжетная линия Библии – война.	Царство мира сделалось царством Господа нашего и Христа Его, и будет царствовать во веки веков (Откр. 11:15-б).

В этом мире случается и ужасное, и прекрасное. Это мир, где постоянно борются добро и зло, любовь и ненависть, гармония и хаос, и часто трудно понять, кто на чьей стороне, потому что внешность обманчива. Но несмотря на всю эту путаницу и хаос, окончательная победа в этом мире – за праведными, после чего они станут жить долго и счастливо, а добро и зло будет названы своими именами.

- Фредерик Бюхнер. *Говоря правду*

КАК НАЧАТЬ ЧИТАТЬ БИБЛИЮ

преп. Дон Аллсман и преп. д-р Дон Л. Дэвис

1. Читайте отдельные библейские стихи, тексты и даже целые книги в свете целостной Истории, которую рассказывает Библия. Как это соотносится с Божьим планом искупления всего падшего творения?

2. Представьте себе описанную ситуацию. Поставьте себя на это место, представьте себе окружающую обстановку, пейзажи, запахи. Подумайте, как всё могло быть.

3. Обратите внимание на заповеди, предостережения, наставления и побуждения, содержащиеся в прочитанном тексте. Как применить их к вашей жизни и к вашему мышлению так, чтобы они помогли вам искать Царства Божьего прежде всего?

Планы чтения Библии

План чтения Библии №1: От Бытия до Откровения

1. Начните с Евангелия от Иоанна. Оно даст вам общую картину жизни Иисуса и заложит основу для дальнейшего чтения Библии.

2. Вернитесь к Бытию 1 и прочтите всю Библию от начала до конца.

3. Не задерживайтесь на деталях, а читайте Библию как единое целое, во всём её богатстве и разнообразии. Записывайте незнакомые слова или стихи, которые вы не понимаете, для того, чтобы потом проконсультироваться с кем-нибудь или вернуться к ним позже.

План чтения Библии №2: Чтение в хронологическом порядке (*www.tumistore.org*)

Вы также можете читать Библию ежегодно, следуя порядку, в котором, по мнению богословов, были написаны книги Библии.

Многие верующие предпочитают читать Библию «хронологично» (следуя исторической последовательности описанных событий) – это помогает увидеть великую Божью Историю спасения более целостно.

Вы можете найти такой план чтения на сайте **www.tumistore.org**. Этот простой список книг поможет вам познакомиться со всей Историей Библии в том порядке, в каком происходили события. Это даст вам общее представление о том, что Библия – это единая, постепенно развивающаяся история, а не собрание отдельных книг, никак не связанных между собой. Это также помогает тем, кто читает Библию каждый год, держаться основной мысли и главной темы Писания: спасение даровано Богом через Иисуса Христа из Назарета.

Этот план даст вам полное понимание событий, описанных в Библии, и поможет глубже осознать значение всей Истории о Божьем чудесном спасении и благодати, кульминация которой – во Христе: в Его смерти, погребении, воскресении, вознесении и Втором пришествии.

Приложение 4

Иисус из Назарета – будущее рядом с нами
преп. д-р Дон Л. Дэвис

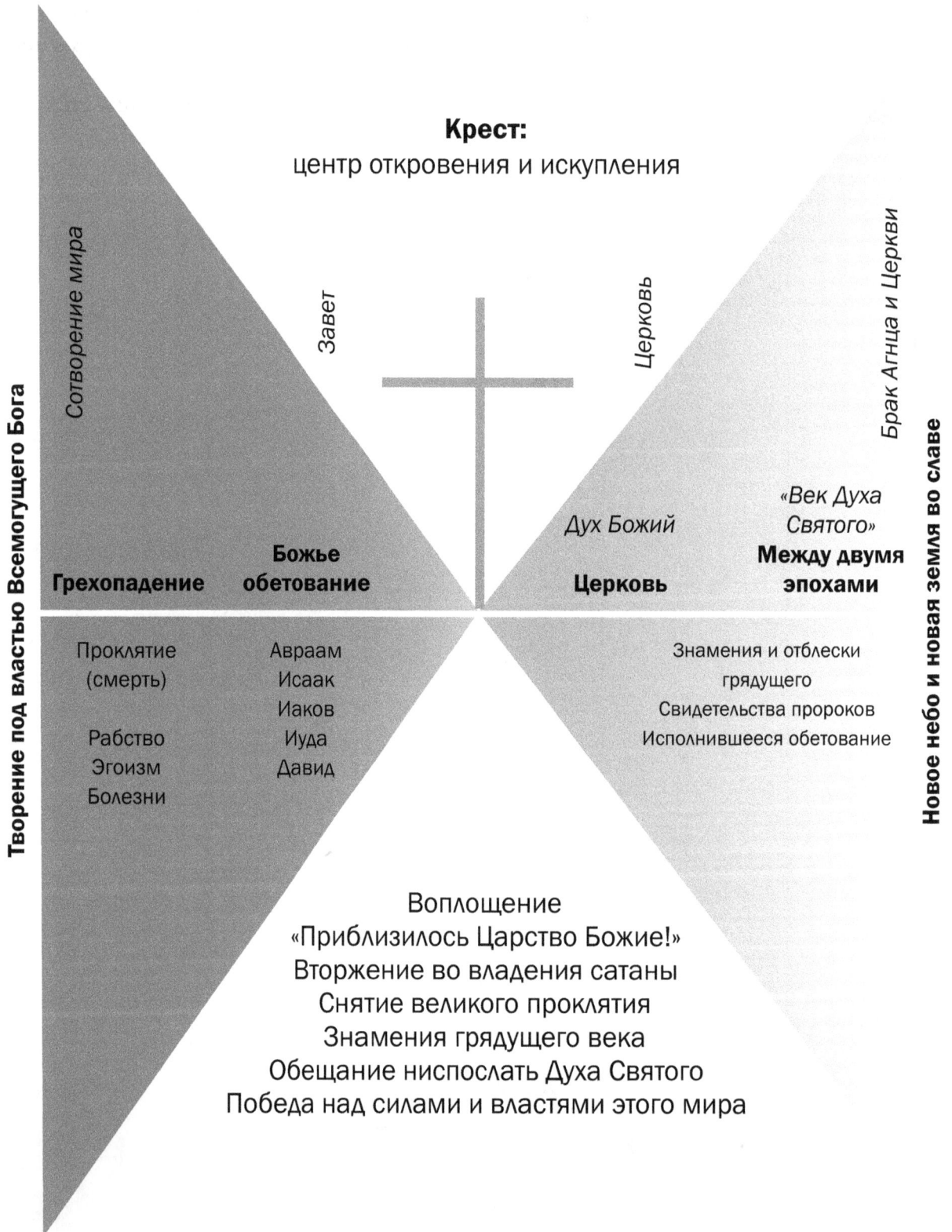

Крест:
центр откровения и искупления

Творение под властью Всемогущего Бога

Сотворение мира

Завет

Церковь

Брак Агнца и Церкви

Новое небо и новая земля во славе

Дух Божий

«Век Духа Святого»
Между двумя эпохами

Грехопадение

Божье обетование

Церковь

Проклятие (смерть)

Рабство
Эгоизм
Болезни

Авраам
Исаак
Иаков
Иуда
Давид

Знамения и отблески грядущего
Свидетельства пророков
Исполнившееся обетование

Воплощение
«Приблизилось Царство Божие!»
Вторжение во владения сатаны
Снятие великого проклятия
Знамения грядущего века
Обещание ниспослать Духа Святого
Победа над силами и властями этого мира

Приложение 5

ЗАМЫСЕЛ БОЖИЙ: наши «СВЯЩЕННЫЕ КОРНИ»

преп. д-р Дон Л. Дэвис

Альфа и Омега	Христос Победитель	О, приди, Дух Святой	Слово Твоё есть Истина	Великое исповедование веры	Его жизнь в нас	Следуя Божьему пути	Возрождённый для служения
Господь Бог является Тем, из Которого всё проистекает, Кто является поддержкой всего, и в Ком находит завершение всё сущее в небесах и на земле. Всё было сотворено и существует только по Его воле и для Его вечной Славы, триединого Бога: Отца, Сына и Духа Святого (Рим. 11:36).							
Триединый Бог раскрывает Свою грандиозную историю: Бога являет Себя через творение, Израиль и Христа				Участие Церкви в Божьем замысле. Верность свидетельству Апостолов о Христе и Его Царстве			
Общее основание: суверенная любовь Бога. Божье повествование о спасительном служении Христа				Личное применение: спасение по благодати через веру. Радостный отклик искупленных на спасительное действие Бога во Христе			
Автор Истории	Победитель в Истории	Рассказчик Истории	Свидетельство Истории	Народ в Истории	Обновление Истории	Воплощение Истории	Продолжение Истории
Бог Отец – режиссёр	Иисус – главный актёр	Дух Святой – рассказчик	Священное Писание – сценарий	Как святые – исповедники	Как поклоняющиеся Богу – служители	Как последователи – временные жители	Как слуги – посланники
Христианское мировоззрение	Общинная жизнь	Духовный опыт	Авторитет Библии	Ортодоксальное богословие	Священство	Церковное ученичество	Свидетельство о Царстве
Вера в Единого и Триединого Бога	Христоцентричное основание	Община, наполненная Духом Святым	Свидетельство канонов и апостолов	Античные символы веры	Еженедельные собрания христианской общины	Постоянный духовный рост в общине	Активные распространители Царства Божия
Суверенная воля	Представляя Мессию	Божественное утешение	Вдохновлённое Духом свидетельство	Правдивый пересказ	Преуспевание в радости	Жизнь в верности Богу	Стойкость в надежде
Творец – истинный Создатель Вселенной	Обновление: ошибки и исполнение Завета	Дающий жизнь: новое рождение и усыновление	Божественное вдохновение: богодухновенное Слово	Исповедование веры: союз со Христом	Воспевание и празднование: вспоминаем исторические события	Пасторское попечение: забота о пастве	Видимое единство: любовь всех святых
Господин, суверенно управляющий творением	Дающий откровение: воплощение Слова	Учитель, раскрывающий Истину	Священная история: исторические хроники	Крещение во Христа: общение святых	Проповеди и наставления: провозглашение пророчеств	Духовность общины: совместный рост через духовные дисциплины	Чрезвычайное гостеприимство: свидетельство того, что Бог царствует
Правитель – Благословенный Властелин всего сущего	Искупитель – Примиритель всего сущего	Помощник, дающий дары и силу	Библейское богословие: Божественный комментарий	Господство веры: Апостольский и Никейский символы веры	Вечеря Господня: обновление Истории	Воплощение: Воспоминания о страданиях Христа и ожидание Нового века в течение всего церковного года	Чрезвычайная щедрость: добрые дела
Хранитель завета, верный Своим обещаниям	Восстановитель Христос – Победитель над силами зла	Водитель: Божественное присутствие и шехина	Духовная пища: Всё необходимое для странствования	«Правило Викентия Леринского»: повсеместность, древность, всеобщность	Эсхатологические ожидания: «уже, но ещё нет»	Эффективное дисциплинирование: духовный рост в общине верующих	Возвещение Евангелия: взращивание учеников во всех народах

Приложение 6

От предвечного к вечности:
План Бога и история человечества

По книге Сюзанны де Дитрих «Раскрывающийся замысел Бога» (Suzanne de Dietrich. God's Unfolding Purpose. Philadelphia: Westminster Press, 1976)

I. До начала времён («прежде веков»): 1 Кор. 2:7
    А. Вечный Триединый Бог
    Б. Вечный замысел Бога
    В. Тайна беззакония
    Г. Начальства и Силы

II. Начало времён (сотворение мира и грехопадение): Бытие 1:1
    А. Творящее Слово
    Б. Человечество
    В. Грехопадение
    Г. Власть смерти и первые проявления благодати

III. Течение времени (план Божий раскрывается через Израиль): Гал. 3:8
    А. Обетование (патриархи)
    Б. Исход и завет на Синае
    В. Обетованная Земля
    Г. Город, Храм и Престол (Пророк, Священник и Царь)
    Д. Плен
    Е. Остаток

IV. Полнота времени (воплощение Мессии): Гал. 4:4-5
    А. Царь приходит в Своё Царство
    Б. Сегодняшняя реальность Его царствования
    В. Тайна Царства: «уже, но ещё нет»
    Г. Распятый Царь
    Д. Воскресший Господь

V. Последнее время (схождение Духа Святого): Деян. 2:16-18
    А. На границе времён: Церковь – предвкушение Царства
    Б. Церковь – представитель Царства
    В. Конфликт между царствами тьмы и света

VI. Исполнение времён (Второе Пришествие): Мф. 13:40-43
    А. Возвращение Христа
    Б. Суд
    В. Установление Его Царства

VII. Вечность (вечное будущее): 1 Кор. 15:24-28
    А. Царство предано Богу Отцу
    Б. Бог – всё во всём

Приложение 7

ТЕНЬ НЕБЕСНОЙ РЕАЛЬНОСТИ И РЕАЛЬНОСТЬ
преп. д-р Дон Л. Дэвис

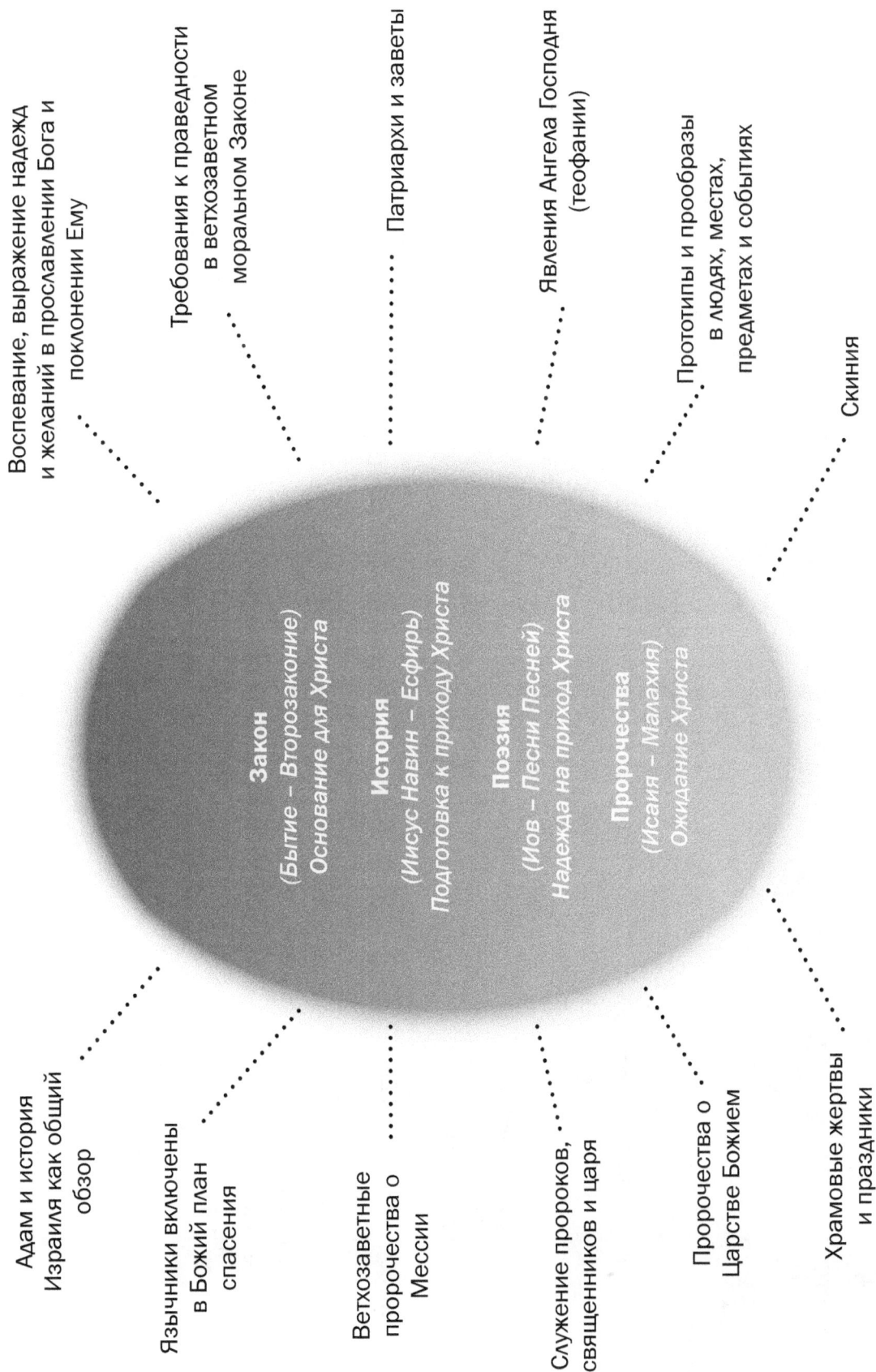

Закон
*(Бытие – Второзаконие)
Основание для Христа*

История
*(Иисус Навин – Есфирь)
Подготовка к приходу Христа*

Поэзия
*(Иов – Песни Песней)
Надежда на приход Христа*

Пророчества
*(Исаия – Малахия)
Ожидание Христа*

Воспевание, выражение надежд и желаний в прославлении Бога и поклонении Ему

Требования к праведности в ветхозаветном моральном Законе

Патриархи и заветы

Явления Ангела Господня (теофании)

Прототипы и прообразы в людях, местах, предметах и событиях

Скиния

Адам и история Израиля как общий обзор

Язычники включены в Божий план спасения

Ветхозаветные пророчества о Мессии

Служение пророков, священников и царя

Пророчества о Царстве Божием

Храмовые жертвы и праздники

Приложение 8

Во Христе
преп. а-р Дон Л. Дэвис

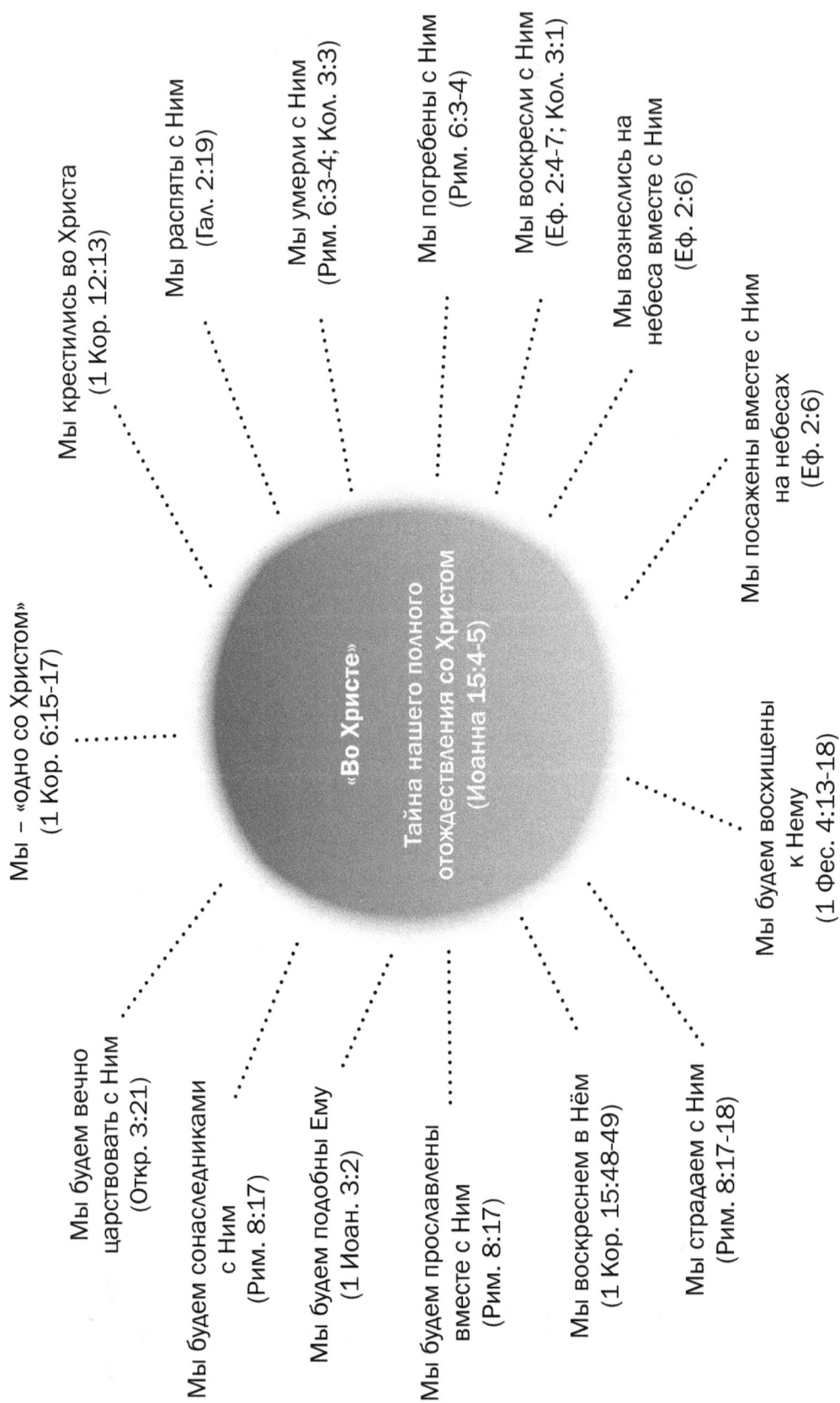

Мы крестились во Христа
(1 Кор. 12:13)

Мы распяты с Ним
(Гал. 2:19)

Мы умерли с Ним
(Рим. 6:3-4; Кол. 3:3)

Мы погребены с Ним
(Рим. 6:3-4)

Мы воскресли с Ним
(Еф. 2:4-7; Кол. 3:1)

Мы вознеслись на
небеса вместе с Ним
(Еф. 2:6)

Мы посажены вместе с Ним
на небесах
(Еф. 2:6)

Мы – «ОДНО со Христом»
(1 Кор. 6:15-17)

«Во Христе»

Тайна нашего полного
отождествления со Христом
(Иоанна 15:4-5)

Мы будем восхищены
к Нему
(1 Фес. 4:13-18)

Мы будем вечно
царствовать с Ним
(Откр. 3:21)

Мы будем сонаследниками
с Ним
(Рим. 8:17)

Мы будем подобны Ему
(1 Иоан. 3:2)

Мы будем прославлены
вместе с Ним
(Рим. 8:17)

Мы воскреснем в Нём
(1 Кор. 15:48-49)

Мы страдаем с Ним
(Рим. 8:17-18)

Приложение 9

Наша декларация зависимости: свобода во Христе
преп. д-р Дон Л. Дэвис

Говоря о христианской морали, мы должны понимать, что она находится в рамках свободы, которую Христос даровал нам Своей смертью на кресте, и в контексте действия Духа Святого в нашей жизни и в миссии Церкви (Гал. 5:1: «Христос даровал вам свободу, чтобы вы были свободными!»), и мы всегда должны использовать нашу свободу для того, чтобы приносить славу Богу и утверждать Царство Христа. Наряду с прочими ключевыми текстами из Посланий, написанными на тему свободы, я думаю, можно использовать принципы из Первого послания к Коринфянам 6, 8, 10, которые учат, как разрешать моральные вопросы, живя во Христе и в Его Царстве.

1. 1 Кор. 6:9-11 – христианство основано на возрождении во Христе – никаким другим способом человек не может войти в Царство Божие.

2. 1 Кор. 6:12-а – мы свободны во Христе, но не всё нам полезно и способствует назиданию.

3. 1 Кор. 6:12-б – мы свободны во Христе, а всё, к чему мы привязываемся, и что управляет нами, находится в противоречии с Христом и Его Царством.

4. 1 Кор. 8:7-13 – мы свободны во Христе, но никогда не нужно хвастаться этой свободой, особенно, перед теми христианами, чья совесть может уязвлена и кто может поколебаться, увидев, что мы делаем что-то такое, что они считают недопустимым.

5. 1 Кор. 10:23 – мы свободны во Христе, нам всё позволено, но не всё полезно и не всё нас назидает.

6. 1 Кор. 10:24 – мы свободны во Христе и должны использовать эту свободу для проявления любви к братьям и сёстрам во Христе, ища блага для других людей (см. Гал. 5:13).

7. 1 Кор. 10:31 – мы свободны во Христе, и эта свобода дана нам для того, чтобы мы прославляли Бога через всё, что мы делаем: едим ли, пьём ли или делаем что-либо другое.

8. 1 Кор. 10:32-33 – мы свободны во Христе и должны использовать нашу свободу так, чтобы не навредить людям из мира или Церкви, а, напротив, поступать так, чтобы побудить людей познавать Христа и любить Его – чтобы они спаслись.

Помимо вышеизложенных принципов, нужно подчеркнуть и несколько других:

- 1 Петр. 2:16 – мы должны жить в свободе Христа, как рабы Божии, и никогда не использовать свою свободу для прикрытия зла.

- Иоан. 8:31-32 – мы являемся учениками Христа, если постоянно пребываем в Его слове, и, поступая так, мы познаём истину, которая делает нас свободными.

- Гал. 5:13 – как братья и сёстры во Христе, мы призваны быть свободными, но не использовать эту свободу для угождения своей греховной плоти; мы призваны быть свободными для того, чтобы служить друг другу в любви.

Акцент на свободе, на мой взгляд, создаёт правильный контекст для всего учения, которое мы преподаём молодёжи и взрослым. Зачастую, обучая новообращённых христиан, мы представляем им длинные списки разных пороков и грехов, которых они должны избегать. И порою это может привести к пониманию, что христианство – это религия «не-делания» (религия о том, что не нужно делать), и что суть жизни верующего – следить за тем, чтобы не грешить. А на самом деле, моральный акцент в христианстве – на свободе, свободе, купленной дорогой ценой, свободе любить Бога и распространять Его Царство, свободе жить в послушании Господу. Моральная ответственность городских христиан – свободно жить в Иисусе Христе, свободно жить для славы Божьей и не использовать свою свободу для прикрытия греха.

И поэтому суть христианского учения заключается в фокусе на свободе, получаемой через смерть и воскресение Христа и наше единение с Ним. Теперь мы свободны от закона, от греха и смерти, от суда и чувства вины за наши грехи и от осуждения по закону. Теперь мы служим Богу из чувства благодарности и признательности, а мотивацией к нравственной жизни является свобода во Христе. Но мы не пользуемся этой свободой для того, чтобы хвастаться ею или поступать бездумно, а для того, чтобы славить Бога и любить ближних. Именно такое понимание помогает правильно относиться к сложным вопросами гомосексуализма, абортов и другим социальным порокам. Те, кто совершают подобные вещи, извращают понимание свободы: не познав Бога во Христе, такие люди просто следуют своим внутренним установкам, не основываясь ни на воле Бога, ни на Его любви.

Свобода во Христе – это призыв к городским христианам жить в святости и радости. Такая свобода поможет им увидеть, насколько разнообразной и богатой может быть христианская жизнь без той фальшивой «свободы», которая только и ведёт, что к рабству, стыду и угрызениям совести.

ФАКТОР ОЙКОС

преп. д-р Дон Л. Дэвис

Составные части ойкоса • Сеть и круг отношений

**Общепринятые
родственные отношения**
Близкие и дальние родственники
и приёмные члены семьи
Знакомые и друзья
Прочие важные люди, соседи,
друзья друзей
Сотрудники и рабочие связи
Коллеги, знакомые по интересам,
этнические, национальные и
культурные связи

Наиболее
безопасные

Абсолютно
естественные

Основанные
на Библии

Отзывчивые

Исторически
эффективные

Без пустых
формальностей

Стратегически
сильные

Опрос: у 42 000 человек спросили, кто или что привело их ко Христу и в церковь

Особая нужда	1-2%
Просто зашёл	2-3%
Пастор	5-6%
Посещение	1-2%
Воскресная школа	4-5%
Массовая евангелизация/ Телевидение	0,5%
Церковная программа	2-3%
Друг или родственник	75-90%

~ «Церковный рост», Inc. Monrovia, CA

Ойкос (семья) в Ветхом Завете
«Обычно семья включала в себя четыре поколения: мужчин, замужних женщин, незамужних дочерей, рабов и рабынь, людей без гражданства и «постоялых», а также рабочих из-за границы, проживающих вместе с этой семьёй».

~ Ханс Вальтер Вольф «Антология Ветхого Завета»

Ойкос (семья) в Новом Завете
В новозаветных текстах часто говорится о том, что благовестие и рождение новых учеников происходило в рамках родственных отношений (семьи), то есть в среде естественных связей, существовавших в жизни людей (см. Марка 5:19; Луки 19:9; Иоанна 4:53; 1:41-45 и т.д.).

Ойкос (семья) среди городской бедноты
Несмотря на большие различия между культурой, семейными отношениями, группами по интересам и родственными связями среди городского населения, ясно то, что люди в городах скорее поддерживают связи, основанные на знакомстве, дружбе или родстве, чем на соседстве или географической близости. Часто самые близкие друзья бедного городского населения не живут рядом –члены семьи и родственники могут проживать в разных районах города, в десятках километров друг от друга. Для того, чтобы разработать эффективные стратегии благовестия и ученичества в городской среде, может быть очень полезным уделить время изучению природы взаимоотношений среди людей, живущих в определённом районе.

Приложение 11

Богословие Христа Победителя
преп. д-р Дон Л. Дэвис

	Обещанный Мессия	Слово стало плотью	Сын человеческий	Страдающий Раб	Агнец Божий	Победоносный Завоеватель	Господь, царствующий в небесах	Жених и грядущий Царь
Значение на основе Библии	Надежда Израиля на Помазанника Иеговы, который искупит Свой народ	Господь пришёл в мир в образе Иисуса из Назарета	Будучи обещанным Царём и Богочеловеком, Иисус явил миру славу Отца и путь ко спасению	Положив начало Царствованию Божьему, Иисус через Свои слова, чудеса и дела явил власть Бога	Являясь и Первосвященником, и пасхальным Агнцем, Иисус принёс Себя Богу в жертву за наши грехи	В воскресении из мёртвых и вознесении на небеса, чтобы воссесть по правую руку Бога, Иисус был провозглашён Победителем над силами греха и смерти	Воссядя сейчас по правую руку Бога, пока все Его враги не будут положены к подножию ног Его, Иисус изливает Своё благодать на Тело Своё	Воскресший и вознёсшийся Господь вскоре вернётся, чтобы взять Свою Невесту, Церковь, и завершить Своё дело
Библейские ссылки	Ис. 9:6-7 Иер. 23:5-6 Ис. 11:1-10	Иоанн 1:14-18 Мф. 1:20-23 Флп. 2:6-8	Мф. 2:1-11 Числ. 24:17 Лук. 1:78-79	Марка 1:14-15 Мф. 12:25-30 Лука 17:20-21	2 Кор. 5:18-21 Ис. 52:53 Иоан. 1:29	Еф. 1:16-23 Флп. 2:5-11 Кол. 1:15-20	1 Кор. 15:25 Еф. 4:15-16 Деян. 2:32-36	Рим. 14:7-9 Откр. 5:9-13 1 Фес. 4:13-18
История Иисуса	До воплощения – единородный Сын Бога, пребывающий во славе	Зачатие от Духа Святого и рождение от Марии	Его появление перед волхвами и миром	Его учение, изгнание духов, чудеса и великие дела среди людей	Его страдания, распятие и погребение	Его воскресение, Его явления перед свидетелями и вознесение к Отцу	Ниспослание Духа Святого и Его даров и пребывание Христа в небесах по правую руку от Отца	Его скорое возвращение с небес на землю как Господа и Христа: Второе пришествие
Описание	Библейское обещание о Семени, данное Аврааму – обещание послать Пророка, подобного Моисею, Сына Давидова	Бог явился нам во плоти, Иисус показал людям полноту славы Отца	В Иисусе Бог дал спасение всему миру, включая язычников	В Иисусе обещанное Царство Божие видимым образом пришло на землю, совершив победу над дьяволом и сняв великое проклятие	Как совершенный Агнец Божий, Иисус приносит Себя в жертву Богу за грехи всего мира	Через Своё воскресение и вознесение Иисус обезоружи сатану и снял проклятие	Иисус посажен на небесах по правую руку от Отца как Глава Церкви, Первенец из умерших и всевышний Господь	Трудясь на Его ниве в этом мире, мы ожидаем возвращения Христа и исполнения Его обетований
Церковный календарь	Адвент Пришествие Христа	Рождество Рождение Христа	Период после Богоявления Крещение и Преображение Явление Христа	Великий Пост Служение Христа	Страстная неделя Страдания Христа Страдания и смерть Христа	Пасхальное время Пасха, Вознесение, Пятидесятница Воскресение и вознесение Христа	Период после Пятидесятницы Троица Пребывание Христа одесную Отца	Период после Пятидесятницы День всех святых, Праздник Христа Царя Царствование Христа
Применение в духовной жизни	Давайте провозглашать и утверждать надежду на Христа, ожидая Его пришествия	Слово стало плотью – пусть каждое сердце приготовит для Него место	Богочеловек, яви народам Своё спасение и славу	Через личность Христа сила Божественной власти проявляется на земле и в Церкви	Пусть те, кто умерли со Христом, воскреснут с Ним	Давайте по вере пользоваться победой Христа над властью греха, сатаны и смерти	Приди и наполни нас, о, Дух Святой, и дай нам силы распространять Царство Христа в этом мире	Мы живём и служим в ожидании Его скорого пришествия, стараясь угодить Ему во всём

Приложение 12

Христос – Победитель: как это влияет на христианскую жизнь и свидетельство?

преп. д-р Дон Л. Дэвис

Для Церкви

- Церковь является главным местом пребывания Иисуса в этом мире
- Искупленное сокровище победившего, воскресшего Христа
- Его люди – народ Божий
- Новое творение Бога: присутствие будущего
- Место и власть Царства, которое «уже наступило, но ещё нет»

Для богословия и вероучения

- Авторитетное Слово о победе Христа: Апостольская Традиция: Священное Писание
- Богословие как комментарий к грандиозному Божьему нарративу
- «Христос – Победитель» как основа богословия, дающая смысл этому миру
- Никейский символ веры: весть о триумфе Божьей милости

Для духовности

- Присутствие и сила Духа Святого среди народа Божьего
- Различные проявления Духа через учеников
- Собрания, библейские чтения, литургия и наши обряды в течение церковного года
- Наша повседневная жизнь жизнью воскресшего Христа

Дары

- Дары Божьей благодати и благословения, получаемые от Христа Победителя
- Пасторское служение в Церкви
- Наделение дарами по воле Духа Святого
- Ответственность за окружающий мир: использование различных Божьих даров на благо всему творению

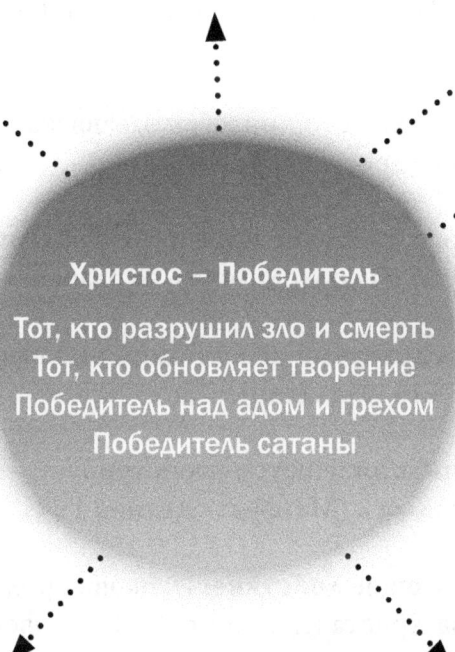

Христос – Победитель

Тот, кто разрушил зло и смерть
Тот, кто обновляет творение
Победитель над адом и грехом
Победитель сатаны

Для поклонения

- Народ воскресения: нескончаемое празднование Божьего народа
- Воспоминание страданий Христа, приобщение к Его Телу во время нашего богослужения
- Слушать и исполнять Слово
- Преображаться через участие в Причастии – Вечере Господней
- Присутствие Бога Отца через Сына в Духе

Для благовестия и миссии

- Благовестие как смелое провозглашение Христа Победителя всему миру
- Евангелие как Благая Весть об обещанном Царстве
- Мы провозглашаем приход Царства Божия через Иисуса из Назарета
- Великое поручение: идите и научите все народы, делая из них учеников Христа для Его Царства
- Провозглашение Иисуса Господом и Мессией

Для суда и милости

- Щедрое и полное благодати проявление Иисуса через Церковь
- Церковь отражает жизнь Царства
- Церковь здесь и сейчас показывает жизнь в Небесном Царстве
- Приняв даром, мы отдаём даром (без чувства гордости и не благодаря собственным заслугам)
- Справедливость как видимое доказательство приблизившегося Царства

Приложение 13

ПОНИМАНИЕ БИБЛИИ В ЦЕЛОМ И ПО ЧАСТЯМ
преп. Дон Аллсман

Библия – это достоверный источник информации о плане Бога превознести Иисуса как Господа над всем, искупить творение и навеки низвергнуть врагов Бога. Главная тема Библии – Иисус Христос (Иоанн 5:39-40):

- Ветхий Завет говорит об обещании Бога послать Христа и о надежде на исполнение этого обещания
- Новый Завет говорит о кульминации и исполнении Божьего плана во Христе

«В Ветхом Завете сокрыт Новый, а в Новом Завете открывается Ветхий».

Этапы развития истории: начало, завязка действия, кульминация, последующее действие, развязка.

1. **Начало:** сотворение мира и грехопадение человека (появление проблемы и необходимость её разрешить), Бытие 1:1 - 3:15.

2. **Завязка действия:** план Божий раскрывается через Израиль (Бытие 3:15 -Малахии).

3. **Кульминация:** Иисус демонстрирует, что Царство Божье приблизилось (Матфея – Деяния 1:11).

4. **Последующее действие:** Церковь продолжает служение для Царства Христа (Деяния 1:12 - Откровение 3).

5. **Развязка:** Иисус возвращается, чтобы окончательно утвердить Царство Божье (Откровение 4 - 22).

6. **Комментарии:** народ Божий делится своим опытом, который учит мудрости (Иов, Псалтирь, Притчи, Екклесиаст, Песнь Песней).

Порядок книг в Библии:

Бытие, Исход, Левит, Числа, Второзаконие, Иисус Навин, Книга судей, Руфь, 1 и 2 Царств	История от сотворения мира до царя Давида
3 и 4 Царств	История Израиля от Давида до изгнания
1 и 2 Паралипоменон	Различные исторические хроники от сотворения мира до изгнания
Ездра, Неемия, Есфирь	События периода изгнания и возвращения из плена
Иов (современник Авраама), Псалтирь (написанный, в основном, Давидом), Притчи, Екклесиаст, Песнь Песней (времён Соломона)	Литература о мудрости (в русской классификации – поэтические книги)
Исаия, Иеремия, Плач Иеремии, Иезекииль, Даниил, Осия, Иоиль, Амос, Авдий, Иона, Михей, Наум, Аввакум, Софония, Аггей, Захария, Малахия	Писания израильских пророков со времён царей до возвращения из плена
Матфей, Марк, Лука, Иоанн	История Иисуса из Назарета (Евангелия)
Деяния Апостолов, Послание Иакова, 1 и 2 Петра, 1, 2 и 3 Иоанна, Иуды, Римлянам, 1 и 2 Коринфянам, Галатам, Ефесянам, Филиппийцам, Колосянам, 1 и 2 Фессалоникийцам, 1 и 2 Тимофею, Титу, Филимону, Евреям, Откровение	История Церкви после вознесения Христа, включая письма Апостолов к Церкви (Послания)
Откровение	Будущее и конец веков (возвращение Иисуса)

Приложение 14

ТРИДЦАТЬ ТРИ БЛАГОСЛОВЕНИЯ ВО ХРИСТЕ
преп. д-р Дон Л. Дэвис

Знаете ли вы, что в момент уверования во Христа вы получили от Него тридцать три благословения? Льюис Сперри Чефер, первый президент Далласской богословской семинарии, перечислил эти блага спасения в своей книге «*Систематическое богословие. Том 3*». Эти благословения с кратким комментарием помогут новообращённому христианину лучше понять, что произвела благодать в его жизни, а также начать больше ценить свою новую жизнь.

1. По вечному плану Бога, верующий:

   а. *Предвиден* – Деян. 2:23; 1 Петр. 1:2,20. Ещё до начала времён Бог знал каждый шаг в истории вселенной.

   б. *Предопределён* – Рим. 8:29-30. По Божьему предузнанию, верующий предопределён к тому, чтобы на нём проявлялась многоразличная благодать Божья.

   в. *Предназначен* – Рим. 8:28; Кол. 3:12. Верующие избраны Богом в этом веке, чтобы в грядущих веках явилось богатство благодати Божьей.

   г. *Избран* – Еф. 1:4. Бог отделил верующих для Себя по предузнанию и предопределению.

   д. *Призван* – 1 Фес. 5:24. Бог приглашает человека наслаждаться благами Его искупления. Сюда можно включить и тех, кого Бог избрал ко спасению, но они ещё не родились свыше.

2. Верующие *искуплены* – Рим. 3:24. Цена, которую они должны были заплатить за свои грехи, уже заплачена.

3. Верующие получили *примирение* – 2 Кор. 6:18,19; Рим. 5:10. Их отношения с Богом были восстановлены самим Богом.

4. Верующие имеют доступ к Богу через *искупительную жертву* – Рим. 3:24-26. Они не приходят на суд, так как Божья праведность была удовлетворена смертью Его Сына за их грехи.

5. Верующим *прощены* все беззакония – Еф. 1:7. За все их грехи заплачено – прошлые, настоящие и будущие.

6. Верующие *соединены с жизнью Христа,* чтобы распять ветхого человека и «ходить в обновлённой жизни» – Рим. 6:1-10. Они соединились со Христом.

7. Верующие *«освобождены от закона»* – Рим. 7:2-6. Они умерли для суда по закону и вышли из-под его власти.

8. Верующие стали *детьми Божьими* – Гал. 3:26. Возрождающей силой Святого Духа верующие рождены свыше, чтобы иметь новые отношения с Богом, в которых Бог (первое Лицо Троицы) становится их законным Отцом, а спасённые приобретают статус законных детей, имея все права и звание наследников Бога и сонаследников Иисуса Христа.

9. Верующие были *усыновлены как взрослые дети,* и приняты в семью Отца – Рим. 8:15, 23.

10. Через жертву Иисуса Христа верующий *принимается Богом* – Еф. 1:6. Он становится *праведным* (Рим. 3:22), *освящённым* (отделённым) (1 Кор. 1:30, 6:11); *навсегда совершенным* (Евр. 10:14) и *принятым* в Царство возлюбленного Сына (Кол.1:12-13).

11. Верующие были *оправданы* – Рим. 5:1. Бог провозгласил их праведными.

12. Жизнь верующего *«приводится в порядок»* – Еф. 2:13. Между Богом и верующим устанавливаются близкие отношения.

13. Верующие были *избавлены от власти тьмы* – Кол. 1:13; 2:13. Христианин получает избавление от сатаны и его злых духов. Но несмотря на это, мы должны продолжать вести войну с этими силами.

14. Верующие *приняты в Царство Божие* – Кол. 1:13. Христиане перешли из-под власти сатаны в Царство Христа.

15. Верующие *поставлены* на камне, который есть Иисус Христос – 1 Кор.3:9-15. Христос является основанием, на котором стоят верующие и строят свою христианскую жизнь.

16. Верующий является *подарком Бога Иисусу Христу* – Иоанн 17:6,11,12,20. Верующий – дар Отцовской любви к Иисусу Христу.

17. Верующие обрезаны *обрезанием Христовым* – Кол. 2:11. Они избавлены от власти старой греховной плоти.

18. Верующий становится *частью избранного царственного священства* – 1 Петр. 2:5,9. Он – священник, благодаря своим отношениям со Христом, Первосвященником, и он будет царствовать со Христом на земле.

19. Верующий является частью *избранного рода, святого народа и людей, взятых в удел* – 1 Петр. 2:9. Так названы верующие нынешнего века.

20. Верующий – *гражданин Неба* – Флп. 3:20. Поэтому в этой земной жизни верующие названы странниками (1 Петр. 2:11), чей настоящий вечный дом – на небесах.

21. Верующий – член *семьи Бога* – Еф. 2:1,9. Он является частью Божьей семьи, состоящей из истинных верующих.

22. Верующий находится *в общении со святыми* – Иоанн 17:11,21-23. Он может принимать участие в общении с другими верующими.

23. Верующий принят в *«небесную команду»* – Кол. 1:27; 3:1; 2 Кор.6:1; Кол. 1:24; Иоанн 14:12-14; Еф. 5:25-27; Тит. 2:13. Теперь он – соработник Христа в жизни, служении, страданиях, молитве, верующий помолвлен со Христом и, как невеста, ожидает Его возвращения.

24. Верующий имеет *свободный доступ к Богу* – Еф. 2:18. Христиане имеют доступ к Божьей благодати, помогающей им духовно расти, и они могут беспрепятственно приходить к Отцу (Евр. 4:16).

25. О верующем *Бог заботится намного больше* – Рим. 5:8-10. Он – объект проявления Божьей любви (Ин.3:16), Божьей благодати (Еф. 2:7-9), Божьей силы (Еф. 1:19), Божьей верности (Фил. 1:6), Божьего мира (Рим. 5:1), Божьего утешения (2 Фес. 2:16-17) и Божьего ходатайства (Рим. 8:26).

26. Верующие являются *наследием Божьим* – Еф. 1:18. Верующий дан Христу, как дар от Отца.

27. Верующий *наследует Самого Бога* и всё, что дарует Бог – 1 Петр. 1:4.

28. Верующий имеет *свет в Господе* – 2 Кор. 4:6. Мы не только получили этот свет, но и призваны ходить в нём.

29. Жизнь верующего *соединена с Отцом, Сыном и Духом Святым* – 1 Фес. 1:1, Еф. 4:6; Рим. 8:1; Иоанн 14:20; Рим. 8:9; 1 Кор. 2:12.

30. Как благословение, верующий получил *начаток Духа* – Еф. 1:14; Рим. 8:23. Мы рождены от Духа (Иоанн 3:6) и крещены Духом (1 Кор. 12:13), благодаря чему верующий соединяется с Телом Христа и начинает жить «во Христе», разделяя с Ним всё, чем Он является. В христианах пребывает Дух Святой (Рим.8:9), они запечатлены Духом (2 Кор.1:22) в качестве залога вечного искупления, а также они наполнены Духом (Еф. 5:18). Дух Святой наполняет силой и даёт успех в служении тем, в сердцах кого Он живёт.

31. Верующие *прославлены* – Рим. 8:18. Они являются участниками вечной Божьей истории.

32. Верующий является *совершенным во Христе* – Кол. 2:9,10. Он всё разделяет со Христом.

33. Верующий имеет *всякое духовное благословение* – Еф. 1:3. Все предыдущие благословения входят в это грандиозное понятие – «всякое духовное благословение».

Приложение 15

Гора

преп. д-р Дон Л. Дэвис • 1 Тимофею 4:9-16; Евреям 5:11-14

Зрелый христианин
Зрелый верующий и духовные дисциплины

Верное исполнение

Деликатность

Автоматическая реакция

Удобство

Личное удовлетворение

Совершенство

Мастерство

Наставление других

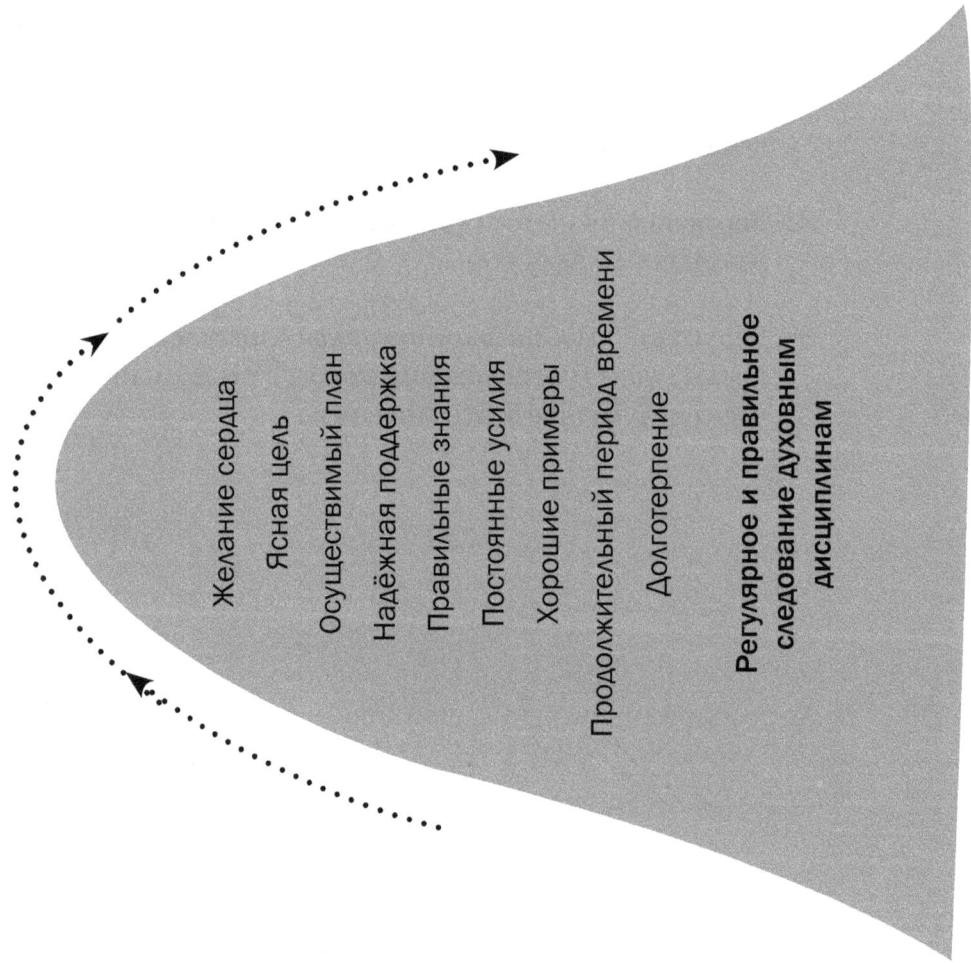

Желание сердца

Ясная цель

Осуществимый план

Надёжная поддержка

Правильные знания

Постоянные усилия

Хорошие примеры

Продолжительный период времени

Долготерпение

Регулярное и правильное следование духовным дисциплинам

Новорожденный христианин
Новообращённый и духовные дисциплины

Все кажется странным

Отсутствие навыков

Ошибки

Не всё идёт гладко

Нестабильное поведение

Неудобство

Неэффективность

Результат на уровне начинающего

Приложение 16

Идти вперёд, оглядываясь на прошлое:
к евангельскому восстановлению Великой традиции

преп. д-р Дон Л. Дэвис

Вновь открывая Великую традицию

В своей чудесной небольшой книге Ола Тьёрхом[1] называет Великую церковную традицию (иногда именуемую классической христианской традицией) «живой, органической и динамичной»[2]. Великая традиция представляет собой евангельское, апостольское, кафолическое основание христианской веры и практик, широко распространённых в 100 - 500 гг. н.э.[3] Её богатое наследие представлено церковным исповеданием о том, во что верила Церковь, о формах поклонения Богу в античной, ещё не разделённой Церкви и о миссии, которой выполняла эта Церковь.

И хотя Великая традиция не стоит выше авторитета Апостольской традиции (достоверного источника христианской веры – Священного Писания) и не затеняет собой живое присутствие Христа в Церкви через Духа Святого, она всё же остаётся для Божьего народа авторитетной и животворящей. Великая традиция во все века могла и может давать верующим основание для христианского вероучения. Великую традицию признают авторитетной богословы католической, православной, англиканской и протестантской церквей, как древние, так и современные. На её основе формировались важные документы, доктрины, исповедания и практики Церкви (например, канон Библии, доктрина о Святой Троице, о Божественной природе Христа и т.д.)

Сегодня многие богословы убеждены, что путь к живой вере и духовному обновлению предполагает возвращение к прошлому, но при этом не имеется ввиду сентиментальная тоска по «старым добрым

---

[1] Ola Tjorhom, *Visible Church–Visible Unity: Ecumenical Ecclesiology and «The Great Tradition of the Church»*. Collegeville, Minnesota: Liturgical Press, 2004. Роберт Уэббер дал следующее определение Великой традиции: «Это общее изложение принципов христианской веры и традиций, сформировавшихся на основе Писаний в период от вознесения Христа и до середины пятого века» (пер. с англ. – Robert E. Webber, *The Majestic Tapestry*. Nashville: Thomas Nelson Publishers, 1986, p. 10).

[2] *Там же*, с. 35

[3] Основы Великой традиции представляют собой формулировки, исповедания и традиции Церкви первых пяти веков её жизни и служения. На мой взгляд, Томас Оден справедливо отмечает, что «...большинство из того, что по-прежнему считается ценным в современной библейской экзегетике, было открыто в пятом веке» (см. Thomas C. Oden, *The Word of Life*. San Francisco: HarperSanFrancisco, 1989, p. xi.).

временам безгрешной первой церкви, в которой не было проблем», или наивные и даже бессмысленные попытки копировать героизм первых христиан. Скорее, речь идёт о критическом взгляде на историю, о глубоком уважении к древней Церкви и о том, чтобы твёрдо следовать Писанию. Через Великую традицию мы должны вновь обрести семя новой, неповреждённой и действенной веры. Мы станем свидетелями больших перемен, если попытаемся вспомнить и восстановить первоначальные верования и практики Церкви – той Церкви, какой она была до ужасных исторических расколов и отделений.

И поэтому, если мы действительно считаем, что должны, по крайней мере, обратить внимание на жизнь ранней Церкви или, что ещё лучше, если мы решили восстановить Великую традицию для того, чтобы обновить Церковь – что мы, на самом деле, пытаемся вернуть? Должны ли мы безоговорочно считать «евангельским» всё, что говорилось и делалось в ранней Церкви просто потому, что всё это сформировалось вскоре после удивительных событий жизни Иисуса на земле? Действительно ли, старое ближе к оригиналу?

Нет. Не нужно бездумно перенимать всё или считать, что всё старое хорошо само по себе. Для нас истина больше, чем просто древние взгляды и убеждения. В нашем понимании, истина воплотилась в личности Иисуса из Назарета, а Священное Писание имеет достоверное и последнее слово о Его появлении в истории и о спасении. Мы не можем принимать что-либо просто потому, что так делали или начали делать христиане в прошлом. Удивительно то, что сама Великая традиция учит нас быть критичными, хранить веру, однажды преданную святым (Иуд. 1:3), практиковать и почитать традиции, принятые от Апостолов, утверждённые на Священном Писании и находящие выражение в христианском исповедании и служении.

Центральные принципы Великой Традиции

Хотя Тьёрхом предлагает свой список из десяти пунктов, отражающих богословие Великой традиции, которые, по его мнению, достойны внимания и переоценки[4], я полагаю, что с библейской и духовной точки зрения, существует семь принципов, помогающих нам понять, во что верила первая Церковь, как она жила и поклонялась Богу, и как отстаивала свою живую веру в Иисуса Христа. Если проанализировать документы, исповедания и традиции того периода, мы увидим, что древняя Церковь в развращённом языческом мире свидетельствовала об обещанном Богом спасении.

....

[4] *Там же*, ст. 27-29. В своей работе Тьёрхом обосновывает эти десять пунктов, а также предлагает структурные элементы и экуменическое применение Великой традиции. Я всем сердцем согласен с общим направлением его аргументации и лично убеждён в том, что интерес к изучению Великой традиции может обновить и обогатить поклонение, служение и миссию современной Церкви.

Основа нашей сегодняшней веры и практики была заложена ещё в те времена и заслуживает того, чтобы ещё раз, а, может, и не раз, обратить на неё наше внимание.

Я пересмотрел, отредактировал и расширил замечания Тьёрхома о Великой традиции и ниже даю простой список тех основных принципов, которые, на мой взгляд, заслуживают нашего внимания и принятия в первую очередь.

1. *Апостольская традиция.* Великая традиция основана на Апостольской традиции, то есть на свидетельствах апостолов, которые были непосредственными очевидцами жизни Иисуса из Назарета, на их достоверном свидетельстве о Его жизни и служении, описанном в Священном Писании – в том, что сегодня составляет канон нашей Библии. Церковь является апостольской и основанной на пророках и апостолах и имеет Христа краеугольным камнем. Само Священное Писание представляют собой источник для нашего понимания Царства Божия – истории об искупительной любви Бога, проявлённой в обетовании, данном Аврааму и патриархам, в заветах и истории Израиля, истории, кульминация которой состояла в явлении Бога через Иисуса Христа, как было предсказано пророками и передано апостолами.

2. *Экуменические соборы и символы веры, особенно Никейский символ веры.* Великая традиция провозглашает истину и устанавливает границы исторически ортодоксальной веры – такой, какой она определена и утверждена в экуменических символах веры ещё неразделённой древней Церкви, особенно, в Никейском символе веры. Формулировки из символов веры считаются точным изложением и объяснением учения Апостолов, которое записано в Священном Писании. Эти провозглашения, находящиеся в Писаниях, были взяты за образец правильного истолкования учения апостолов. Хотя символы веры сами по себе не являются основанием веры, в документах экуменических соборов представлена *сущность учений* [5], особенно, тех доктрин о Боге, Христе и спасении, что сформировались до пятого века [6].

....

[5] Я в долгу у покойного д-ра Роберта Уэббера за то, что он провёл важное различие между источником и сущностью христианской веры и толкованием этого.

[6] Хотя Православная и Католическая Церкви признают, наряду с другими, первые семь экуменических Соборов, самыми важными и необходимыми являются решения первых четырёх Соборов древней, ещё неразделённой Церкви. Я, и не только я, придерживаюсь такого мнения, поскольку на первых четырёх соборах было раз и навсегда определено ортодоксальное понимание доктрин о Троице и Воплощении (см. Philip Schaff, *The Creeds of Christendom*, v. 1. Grand Rapids: Baker House Book, 1996, p. 44) К тому же, магистерские реформаторы также принимали Великую традицию и признали авторитетными наиболее важные её исповедания. Так,

3. *Правило веры античных времён.* Великая традиция объединила основные положения христианской веры в одно правило – античное Правило веры, стандарт, по которому оценивались все заявления и утверждения о вере. Если применять это правило последовательно и обдуманно, то оно обязательно поможет нам определить основные положения христианского вероисповедания Церкви раннего периода до её разделения – то, что Викентий Леринский назвал «тем, во что верили повсюду, всегда, все»[7].

4. *Христос как Победитель.* Великая традиция прославляет Иисуса из Назарета как Христа, Мессию, обещанного еврейским Священным Писанием, воскресшего и вознёсшегося Господа и Главу Церкви. В Иисусе Христе Бог установил Свою власть во вселенной, попрал смерть Его смертью, победил врагов Бога Его воплощением, смертью, воскресением и вознесением и избавил человечество от наказания за нарушение Закона. После того, как Иисус воскрес из мёртвых, вознёсся на небеса и воссел по правую руку Бога, Он послал в мир Духа Святого, чтобы наделить Церковь силой для жизни и свидетельства. Церковь считается народом Христовой победы. Когда Христос придёт опять, Он завершит Свою работу на земле, как Господь. Такое мировоззрение проявлялось в вероисповедании ранней Церкви, в её проповеди, поклонении и свидетельстве. Сегодня, через свою литургию и традиции церковного года, Церковь признаёт, чествует, воплощает и провозглашает победу Христа: уничтожение греха и зла и восстановление всего творения.

....

Кальвин в своих богословских трудах писал, что «если бы это исполнялось, то соборы сохранили бы должный авторитет, а Писание – свою первенствующую роль, так что всё поверялось бы его мерою. В соответствии с этим принципом мы охотно признаём древние Соборы - Никейский, Константинопольский, Первый Эфесский, Халкидонский и другие им подобные, целью которых было осуждение заблуждений и превратных мнений еретиков. Повторяю, мы уважаем и чтим эти Соборы в том, что касается определённых ими догматов. Ибо указанные Соборы не содержат ничего, кроме чистого и естественного истолкования Писания, которое святые отцы по благому разумению приспособили для опровержения врагов христианства» (см. *Жан Кальвин «Наставление в христианской вере. Т.4»*, глава IX, *www.jeancalvin.ru/instituton/4/9*).

[7] В этом Правиле, которое веками заслуженно считалось богословским эталоном древних христианских истин, переплетаются три линии критической оценки, осуществляемой для того, чтобы определить ортодоксальность того или иного церковного учения. Святой Викентий Леринский, раннехристианский автор, умерший до 450 года н.э., сформулировал так называемое «правило Викентия Леринского», трёхсторонне направленный критерий оценки ортодоксальности: *quod ubique, quod semper, quod ab omnibus creditum est* («то, чему верили повсюду, всегда, все»). Применяя этот принцип оценки по экуменичности, древности и по тому, все ли это принимали, церковь может определить истинность или ложность каких-либо традиций» (см. Thomas C. Oden, *Classical Pastoral Care*, vol. 4. Grand Rapids: Baker Books, 1987, p. 243).

5. ***Центральное место Церкви.*** Великая традиция с уверенностью называет Церковь народом Божиим. Собрание верных под руководством Пастыря Иисуса Христа теперь является центральным местом и каналом действия Царства Божьего на земле. Христос живёт и действует в Церкви через поклонение, общение верующих, учение, служение и свидетельство. Великая традиция утверждает, что сегодня Церковь под управлением пасторов и при общем священстве всех верующих, является в мире видимым местом пребывания Бога в Духе Святом. Церковь – это храм Божий, Тело Христа и храм Духа Святого, где сам Христос – краеугольный камень. Все верующие – живущие, умершие и ещё не родившиеся – составляют одну святую, кафолическую (Вселенскую) и апостольскую общину. Регулярно собираясь вместе, члены поместных церквей встречаются для поклонения Богу через Слово и святые таинства, для свидетельства добрыми делами и для провозглашения Евангелия. Принимая новообращённых через крещение, Церковь через общение верующих воплощает жизнь Царства и показывает словом и делом реальность Царства Божьего в жизни общины и в служении миру.

6. ***Единство в вере.*** Великая традиция безоговорочно утверждает кафоличность Церкви Иисуса Христа в том, что связано с сохранением единства и преемственности в служении и богословии Церкви на протяжении веков (Вселенская церковь). Так как есть только одна надежда, одно призвание и одна вера, Великая традиция всегда стремилась сохранить единство в слове, доктринах, поклонении и служении.

7. ***Евангельская власть воскресшего Христа.*** Великая традиция утверждает апостольский мандат распространять среди народов весть о победе Бога в Иисусе Христе, проповедуя спасение благодатью по вере в Его имя и приглашая людей уверовать и покаяться, чтобы войти в Царство Божье. Делами правосудия и праведности Церковь в сегодняшнем мире являет жизнь Царства, а через проповедь и жизнь в общине она свидетельствует о Царстве и указывает на его присутствие в мире и для мира (*sacramentum mundi*), и о том, что Церковь является столпом и утверждением истины. Свидетельствуя о Царстве Божьем и храня Слово Божье, Церковь должна ясно определять и защищать веру, однажды и навсегда переданную апостолами.

Вывод: будущего, которое коренится в прошлом

Сейчас, когда те, кто говорят якобы от имени Бога, создают столько шума, наступило самое время вновь обратиться к истокам нашей веры, к изначальному христианскому исповеданию и практикам, и посмотреть, можем ли мы обновить нашу христианскую идентичность в соответствии с таким поклонением и служением Христу, какое некогда изменило мир. По моему мнению, это возможно, если применять критический, евангельский подход к Великой традиции – основе вероучения и практики, ставших источником всех традиций: Католической, Православной, Англиканской или Протестантской.

Разумеется, продолжат существование и прочие отдельные традиции поклонения, учения и служения, соответствующие Авторитетной традиции (Священному Писанию) и Великой традиции. Наши разнообразные христианские традиции (с маленькой буквы), если они укоренены в учении Писания и вдохновлены Духом Святым, продолжат раскрывать Евангелие в новых культурах и субкультурах, возвещая надежду Христову и являя её в новых формах, в зависимости от встречающихся в жизни уникальных ситуаций. Наши традиции – это, по сути, контекстуализация, то есть стремление представить разным категориям людей Авторитетную традицию настолько понятной, чтобы привести их к вере в Иисуса Христа.

Поэтому мы должны найти способы обогатить наши современные традиции путём воссоединения наших современных исповеданий и практик с Великой традицией. Давайте никогда не забывать, что христианство, в своей основе, – это верное свидетельство о деле Божьего спасения на протяжении всей истории. И поэтому мы всегда будем смотреть в будущее, оглядываясь назад, на те моменты Божьих откровений и действий, в которых проявилась власть Бога – на воплощение, страдания, воскресение, вознесение и обещание скорого прихода Христа. Будем же помнить, прославлять, показывать, вспоминать и горячо провозглашать то, что исповедовали верующие, начиная с того утра, когда гробница была найдена пустой – спасительную историю о Божьем обетовании, об Иисусе из Назарета, который пришёл искупить и спасти Свой народ.

Приложение 17

Общий обзор Священного Писания

преп. д-р Дон Л. Дэвис

Ветхий Завет

1. **Бытие:** *начало*
   - а. Адам
   - б. Ной
   - в. Авраам
   - г. Исаак
   - д. Иаков
   - е. Иосиф

2. **Исход:** *избавление («выход из»)*
   - а. Рабство
   - б. Освобождение
   - в. Закон
   - г. Скиния

3. **Левит:** *поклонение Богу и община*
   - а. Жертвы и приношения
   - б. Священники
   - в. Праздники

4. **Числа:** *служение и жизнь*
   - а. Правила
   - б. Странствования

5. **Второзаконие:** *послушание*
   - а. Моисей повторяет историю прошлого и Закон
   - б. Гражданские и общественные законы
   - в. Палестинский завет
   - г. Моисеево благословение и смерть

6. **Иисус Навин:** *избавление («вход в»)*
   - а. Завоевание земли
   - б. Раздел земли
   - в. Прощание Иисуса Навина

7. **Судьи:** *спасение от Бога*
   - а. Непослушание и суд
   - б. Двенадцать судей Израиля
   - в. Состояние беззакония

8. **Руфь:** *любовь*
   - а. Руфь делает выбор
   - б. Руфь трудится
   - в. Руфь ждёт
   - г. Руфь получает вознаграждение

9. **1 Царств:** *цари и служение священников*
   - а. Илий
   - б. Самуил
   - в. Саул
   - г. Давид

10. **2 Царств:** *Давид*
    - а. Царь Иудеи (9 лет – в Хевроне)
    - б. Царь Израиля (33 года – в Иерусалиме)

11. **3 Царств:** *слава Соломона, упадок царства*
    - а. Слава Соломона
    - б. Упадок царства
    - в. Пророк Илия

12. **4 Царств:** *разделённое царство*
    - а. Елисей
    - б. Израиль (упадок Северного царства)
    - в. Иуда (упадок Южного царства)

13. **1 Паралипоменон:** *подготовка Давида к строительству Храма*
    - а. Родословные
    - б. Конец правления Саула
    - в. Правление Давида
    - г. Подготовка к строительству Храма

14. **2 Паралипоменон:** *поклонение в Храме оставлено*
    - а. Соломон
    - б. Цари Иудеи

15. **Ездра:** *малая часть (остаток)*
    - а. Первое возвращение из рабства – Зоровавель
    - б. Второе возвращение из рабства – Ездра (священник)

16. **Неемия:** *восстановление Храма по вере*
    - а. Отстраивание стен
    - б. Духовное пробуждение
    - в. Религиозная реформа

17. **Есфирь:** *женщина-спасительница*
    - а. Есфирь
    - б. Аман
    - в. Мардохей
    - г. Спасение: праздник Пурим

18. **Иов:** *почему страдают праведники*
    - а. Богобоязненный Иов
    - б. Нападки сатаны
    - в. Четыре друга-философа
    - г. Бог жив

19. **Псалтирь:** *молитвы и хвала*
    - а. Молитвы Давида
    - б. Праведные страдают, Божья помощь
    - в. Отношения Бога с Израилем
    - г. Страдания народа Божьего закончатся с наступлением Царства Господа
    - д. Слово Бога (страдания Мессии и Второе пришествие во славе)

20. **Притчи:** *мудрость*
    - а. Мудрость и глупость
    - б. Соломон
    - в. Соломон – Езекия
    - г. Агур
    - д. Лемуил

21. **Екклесиаст**: *тщеславие*
    а. Испытание всего
    б. Наблюдения
    в. Размышления

22. **Песнь песней**: *история любви*

23. **Исаия**: *правосудие (суд) и благодать (утешение) Бога*
    а. Пророчество о наказании
    б. История
    в. Пророчества о благословении

24. **Иеремия**: *грех Иуды ведёт к Вавилонскому пленению*
    а. Призвание Иеремии – наделение силой
    б. Иуда осуждён: пророчество о Вавилонском плене
    в. Обещание восстановления
    г. Предсказанный суд свершился
    д. Пророчество против язычников
    е. Краткий обзор периода пленения Иуды

25. **Плач Иеремии**: *плач об Иерусалиме*
    а. Страдания Иерусалима
    б. Разрушение из-за греха
    в. Страдания пророка
    г. Сегодняшнее опустошение и прошлое великолепие
    д. Вопрошение о милости от Бога

26. **Иезекииль**: *пленение и восстановление Израиля*
    а. Суд над Иудой и Иерусалимом
    б. Суд над язычниками
    в. Восстановление Израиля, будущая слава Иерусалима

27. **Даниил**: *время язычников*
    а. История. Навуходоносор, Валтасар, Даниил
    б. Пророчества

28. **Осия**: *неверность*
    а. Неверность
    б. Наказание
    в. Восстановление

29. **Иоиль**: *день Господень*
    а. Нашествие саранчи
    б. События грядущего дня Господня
    в. Порядок событий грядущего дня Господня

30. **Амос**: *Бог осуждает грех*
    а. Суд над соседями
    б. Суд над Израилем
    в. Видения будущего суда
    г. Благословения Израиля после суда

31. **Авдий**: *истребление Едома*
    а. Пророчество об поражении Едома
    б. Причины поражения
    в. Будущее благословение Израиля

32. **Иона**: *спасение язычникам*
    а. Непослушание Ионы
    б. Из-за этого страдают другие
    в. Иона наказан
    г. Иона слушается – тысячи спасаются
    д. Иона недоволен, в нём нет любви к душам людей

33. **Михей**: *грехи Израиля, осуждение и восстановление Израиля*
    а. Грех и суд
    б. Милость и будущее восстановление
    в. Вопрошение о милости

34. **Наум**: *осуждение Ниневии*
    а. Бог ненавидит грех
    б. Пророчество о разрушении Ниневии
    в. Причины разрушения

35. **Аввакум**: *праведный верою жив будет*
    а. Жалоба на то, что грех Иуды остаётся без наказания
    б. Наказание придёт через халдеев
    в. Жалоба на жестокость халдеев
    г. Им обещано наказание
    д. Молитва о духовном пробуждении, вера в Бога

36. **Софония**: *вавилонское вторжение – прообраз дня Господня*
    а. Суд над Иудой – прообраз великого дня Господня
    б. Суд над Иерусалимом и окружающими народами – прообраз последнего суда над всеми народами
    в. Восстановление Израиля после судов

37. **Аггей**: *восстановление Храма*
    а. Пренебрежение
    б. Смелость
    в. Отделение
    г. Суд

38. **Захария**: *два пришествия Христа*
    а. Видение Захарии
    б. Вефиль спрашивает – Господь Саваоф отвечает
    в. Упадок народа и спасение

39. **Малахия**: *пренебрежение*
    а. Грехи священников
    б. Грехи народа
    в. Остаток верных

Новый Завет

1. **Матфей**: *Иисус – Царь*
   а. Личность Царя
   б. Подготовка Царя
   в. Возвещение о Царе
   г. Действия Царя
   д. Страдания Царя
   е. Власть Царя

2. **Марк**: *Иисус – Раб*
   а. Иоанн объявляет о приходе Раба
   б. Бог Отец провозглашает, Кем является этот Раб
   в. Искушения знаменуют начало служения Раба
   г. Служение и слова Раба
   д. Смерть, погребение и воскресение

3. **Лука**: *Иисус Христос – совершенный человек*
   а. Семья и рождение совершенного Человека
   б. Испытания совершенного Человека: родной город
   в. Служение совершенного Человека
   г. Предательство, муки и смерть совершенного Человека
   д. Воскресение совершенного Человека

4. **Иоанн**: *Иисус Христос – Бог*
   а. Пролог: воплощение
   б. Введение
   в. Свидетельство делами и словами
   г. Свидетельство Иисуса Своим апостолам
   д. Страдания – свидетельство миру
   е. Эпилог

5. **Деяния Апостолов**: *Святой Дух действует через Церковь*
   а. Иисус Христос действует через Духа Святого через апостолов в Иерусалиме
   б. В Иудеи и Самарии
   в. До края земли

6. **Римлянам**: *праведность Бога*
   а. Приветствия
   б. Грех и спасение
   в. Освящение
   г. Борьба
   д. Жизнь, наполненная Духом
   е. Уверенность в спасении
   ж. Отделение
   з. Жертва и служение
   и. Прощание и приветствия

7. **1 Коринфянам**: *господство Христа*
   а. Приветствия и благодарения
   б. Состояние коринфской церкви
   в. О Благой Вести
   г. О сборе пожертвований

8. **2 Коринфянам**: *служение Церкви*
   а. Утешение Божье
   б. Пожертвования для бедных
   в. Призвание Апостола Павла

9. **Галатам**: *оправдание верой*
   а. Введение
   б. Личное: авторитет апостола и слава Евангелия
   в. Богословское: оправдание верой
   г. Практическое: освящение Духом Святым
   д. Заключение, написанное собственной рукой, и призыв

10. **Ефесянам**: *Церковь Иисуса Христа*
    а. Богословие: небесное призвание Церкви
       - Тело
       - Храм
       - Тайна
    б. Практика: жизнь Церкви на земле
       - Новый Человек
       - Невеста
       - Армия

11. **Филиппийцам**: *радость христианской жизни*
    а. Философия христианской жизни
    б. Устройство христианской жизни
    в. Награда христианской жизни
    г. Сила христианской жизни

12. **Колоссянам**: *Христос – полнота Бога*
    а. Богословие: Христос – полнота Бога, во Христе верующие обретают полноту
    б. Практика: Христос – полнота Бога, жизнь Христа изливается на верующих и через них

13. **1 Фессалоникийцам**: *Второе пришествие Христа*
    –
    а. Это воодушевляющая надежда
    б. Это действенная надежда
    в. Это очищающая надежда
    г. Это утешающая надежда
    д. Это ободряющая надежда

14. **2 Фессалоникийцам**: *Второе пришествие Христа*
    а. Гонение на верующих сейчас, последующий суд над неверующими (во время пришествия Христа)
    б. Жизнь мира в свете Второго пришествия Христа
    в. Практические вопросы, связанные с пришествием Христа

15. **1 Тимофею**: *устройство поместной церкви и управление ею*
    - а. Вера Церкви
    - б. Публичная молитва и место женщины в Церкви
    - в. Служители Церкви
    - г. Отступничество в Церкви
    - д. Обязанности служителя Церкви

16. **2 Тимофею**: *верность во времена отступничества*
    - а. Страдания за Евангелие
    - б. Активное служение
    - в. Приближение отступничества, авторитет Писаний
    - г. Верность Господу

17. **К Титу**: *идеальная новозаветная церковь*
    - а. Церковь как организация
    - б. Церковь должна учить Слову Божьему и проповедовать его
    - в. Церковь должна делать добрые дела

18. **К Филимону**: *открывает нам любовь Христа и учит братской любви*
    - а. Сердечное приветствие для Филимона и его семьи
    - б. Хорошая репутация Филимона
    - в. Ходатайство за Онисима
    - г. Невиновный предлагает возместить ущерб за виновного
    - д. Прекрасный пример деликатного обвинения
    - е. Общие и личные просьбы

19. **К Евреям**: *превосходство Христа*
    - а. Богословие: Христос превосходит ветхозаветную систему
    - б. Практика: преимущества и повеления, даваемые Христом, лучше

20. **Иаков**: *христианская этика*
    - а. Испытание веры
    - б. Трудности в контроле над языком
    - в. Предупреждение о любви к миру
    - г. Наставления в свете грядущего пришествия Господа

21. **1 Петра**: *христианская надежда во времена гонений и испытаний*
    - а. Страдания и защита для верующих
    - б. Страдания и Писания
    - в. Страдания и страдания Христа
    - г. Страдания и Второе пришествие Христа

22. **2 Петра**: *предупреждение о лжеучителях*
    - а. Развитие христианских добродетелей даёт уверенность
    - б. Авторитет Писаний
    - в. Отступничество из-за недостойного поведения верующих
    - г. Отношение ко Второму пришествию Христа: искушение отступить
    - д. Планы Бога для мира
    - е. Наставления верующим

23. **1 Иоанна**: *семья Бога*
    - а. Бог есть свет
    - б. Бог есть любовь
    - в. Бог есть жизнь

24. **2 Иоанна**: *предостережение об общении с обольстителями*
    - а. Хождение в истине
    - б. Любовь друг ко другу
    - в. Не принимать обольстителей
    - г. Радость в общении с верующими

25. **3 Иоанна**: *повеление принимать истинных верующих*
    - а. Гай, брат в Господе
    - б. Диотреф
    - в. Димитрий

26. **Иуда**: *сражение за веру*
    - а. Обстоятельства написания послания
    - б. Появление отступничества
    - в. Что должны делать верующие во дни отступничества

27. **Откровение**: *о грядущей славе Христа*
    - а. Христос во славе
    - б. Церковь в мире принадлежит Христу
    - в. Действия Иисуса Христа: сцена на небесах
    - г. Семь печатей
    - д. Семь труб
    - е. Важные персонажи последних дней
    - ж. Семь чаш
    - з. Падение Вавилона
    - и. Вечная страна

Приложение 18

Хронологическая таблица Нового Завета
Роберт Ярбро

Дата	История христианства	Новый Завет	История Рима
ок. 28 - 30 гг.	Публичное служение Иисуса Христа	Евангелия	14-37 гг. – император Тиберий
ок. 33 г.	Обращение Павла	Деян. 9:1-3	–
ок. 35 г.	Первое посещение Павлом Иерусалима после обращения	Гал. 1:18	–
ок. 35 - 46 гг.	Павел в Киликии и Сирии	Гал. 1:21	–
–	–	–	ок. 37 - 41 гг.: император – Гай Юлий Цезарь ок. 41 - 54 гг.: император – Клавдий
ок. 46 г.	Второе посещение Павлом Иерусалима	Гал. 2:1; Деян. 11:27-50	–
ок. 47 - 48 гг.	Павел и Варнава на Кипре и в Галатии (Первое путешествие)	Деян. 13 - 14	–
ок. 48 г. (?)	Послание к Галатам	–	–
ок. 49 г.	Собор в Иерусалиме	Деян. 15	–
ок. 49-50 гг.	Павел и Сила проходят из Сирийской Антиохии через Малую Азию в Македонию и Ахаию (Второе путешествие)	Деяния 15:36 - 18:21	–
ок. 50 г.	Послания к Фессалоникийцам	–	–
ок. 50 - 52 гг.	Павел в Коринфе	–	ок. 51 - 52: Галлион – проконсул в Ахаии
лето 52 г.	Третье посещение Павлом Иерусалима	–	ок. 52-59 гг.: Феликс – прокуратор Иудеи
ок. 52 - 55 гг.	Павел в Ефесе	–	ок. 54 - 68 гг.: император – Нерон
ок. 55-56 гг.	Послания к Коринфянам	–	–
ок. 55 - 57 гг.	Павел в Македонии, Иллирике и Ахаии (Третье путешествие)	Деян. 18:22 - 21:15	–
начало 57 г.	Послание к Римлянам	–	–
май 57 г.	Четвёртое (и последнее) посещение Павлом Иерусалима	Деян. 21:17	–
ок. 57 - 59 гг.	Павел содержится под стражей в Кесарии	Деян. 23:23	ок. 59 г.: Фест – преемник Феликса, прокуратора Иудеи
сентябрь 59 г.	Начало пути Павла в Рим	Деян. 27-28	–
февраль 60 г.	Павел прибывает в Рим	–	–
ок. 60-62 гг.	Домашний арест Павла в Риме	–	–
ок. 60-62 гг. (?)	Послания из заключения (Ефесянам, Филиппийцам, Колоссянам, Филимону)	ок. 62 г.: смерть Феста, Альбин – правитель Иудеи	–
ок. 65 г. (?)	Павел посещает Испанию (Четвёртое путешествие?)	–	ок. 64 г. – пожар в Риме
ок. ??	Пасторские письма (1 и 2 Тимофею, Титу)	–	–
ок. 65 г. (?)	Смерть Павла	–	–

Приложение 19

Провозглашение Мессии: взаимосвязь Евангелий

По книге «Евангелие от Иоанна: свежий взгляд на четвёртое Евангелие» (N. R. Ericson, L. M. Perry «John: A New Look at the Fourth Gospel»)

	Матфей	Марк	Лука	Иоанн
Дата	ок. 65 г.	ок. 59 г.	ок. 61 г.	ок. 90 г.
Количество глав	28	16	24	21
Количество стихов	1 071	666	1 151	879
Описанный период	36 лет	4 года	37 лет	4 года
Кому адресовано	Евреи	Римляне	Греки	Весь мир
Христос как	Царь	Раб	Человек	Сын Божий
Акцент	Власть	Смирение	Человеческая природа	Божественная природа
Знак	Лев	Телец	Человек	Орёл
Окончание	Воскресение	Пустая гробница	Обетование Духа	Обетование Второго пришествия
Место написания	Антиохия (?)	Рим	Рим	Ефес
Ключевой стих	27:37	10:45	19:10	20:30-31
Ключевое слово	Царство	Служение	Спасение	Верить
Цель	Представить Иисуса Христа		Объяснить, что Иисус – Мессия	
Время для чтения	2 часа	1 час 15 минут	2 часа 15 минут	1 час 30 минут

Приложение 20

Уполномоченные представлять Христа: преумножение учеников для Царства Божьего

преп. а-р Дон Л. Дэвис

Слушающий вас Меня слушает, и отвергающий вас Меня отвергается; а отвергающийся Меня отвергается Пославшего Меня (Лука 10:16).

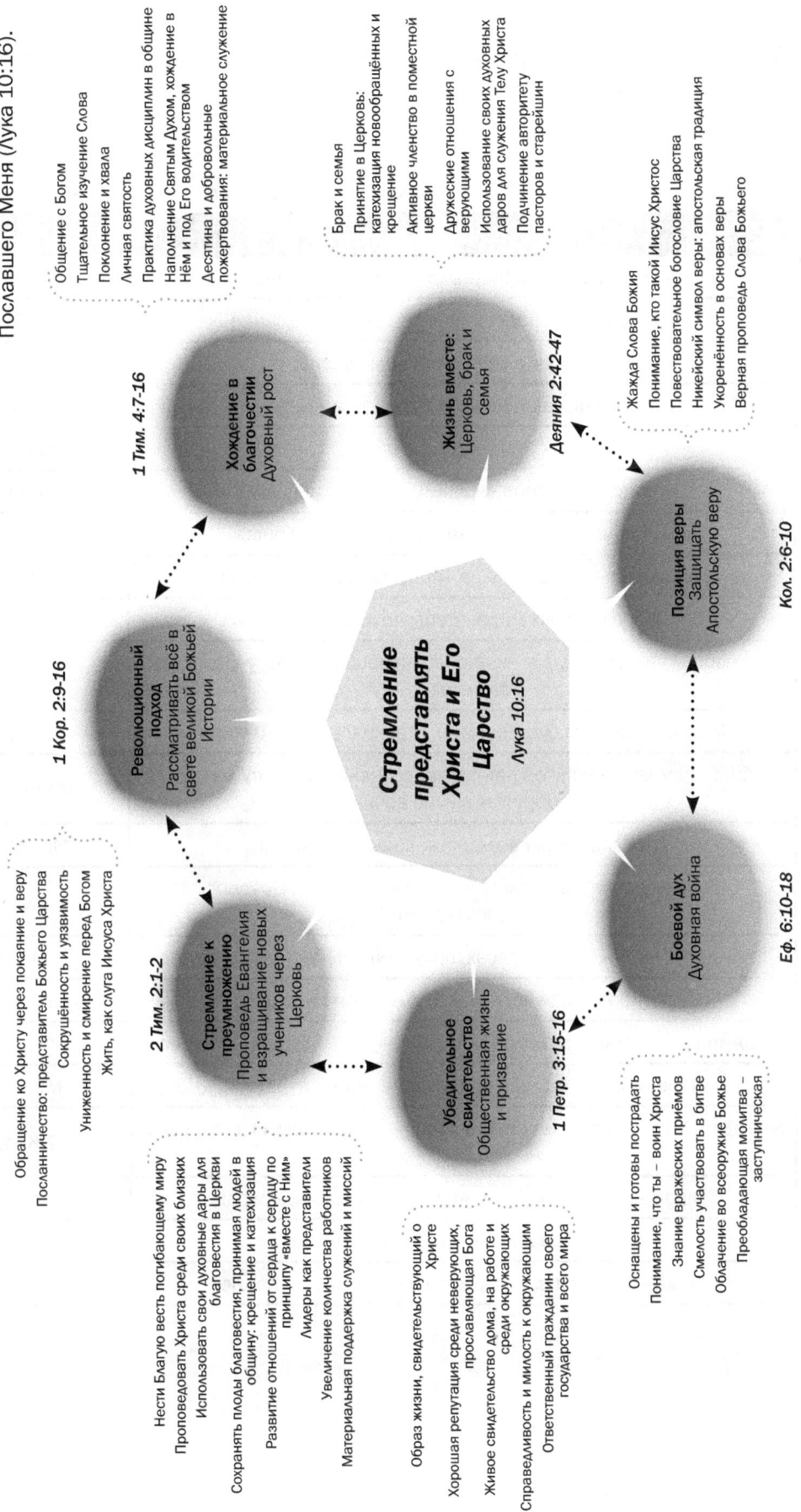

Центр:
Стремление представлять Христа и Его Царство
Лука 10:16

Хождение в благочестии
Духовный рост
1 Тим. 4:7-16

- Общение с Богом
- Тщательное изучение Слова
- Поклонение и хвала
- Личная святость
- Практика духовных дисциплин в общине
- Наполнение Святым Духом, хождение в Нём и под Его водительством
- Десятина и добровольные пожертвования: материальное служение

Жизнь вместе: Церковь, брак и семья
Деяния 2:42-47

- Брак и семья
- Принятие в Церковь: катехизация новообращённых и крещение
- Активное членство в поместной церкви
- Дружеские отношения с верующими
- Использование своих духовных даров для служения Телу Христа
- Подчинение авторитету пасторов и старейшин

Позиция веры
Защищать Апостольскую веру
Кол. 2:6-10

- Жажда Слова Божия
- Понимание, кто такой Иисус Христос
- Повествовательное богословие Царства
- Никейский символ веры: апостольская традиция
- Укоренённость в основах веры
- Верная проповедь Слова Божьего

Революционный подход
Рассматривать всё в свете великой Божьей Истории
1 Кор. 2:9-16

- Обращение ко Христу через покаяние и веру
- Посланничество: представитель Божьего Царства
- Униженность и смирение перед Богом
- Сокрушённость и уязвимость
- Жить, как слуга Иисуса Христа

Стремление к преумножению
Проповедь Евангелия и взращивание новых учеников через Церковь
2 Тим. 2:1-2

- Нести Благую весть погибающему миру
- Проповедовать Христа среди своих близких
- Использовать свои духовные дары для благовестия в Церкви
- Сохранять плоды благовестия, принимая людей в общину: крещение и катехизация
- Развитие отношений от сердца к сердцу по принципу «вместе с Ним»
- Лидеры как представители
- Увеличение количества работников
- Материальная поддержка служений и миссий

Убедительное свидетельство
Общественная жизнь и призвание
1 Петр. 3:15-16

- Образ жизни, свидетельствующий о Христе
- Хорошая репутация среди неверующих, прославляющая Бога
- Живое свидетельство дома, на работе и среди окружающих
- Справедливость и милость к окружающим
- Ответственный гражданин своего государства и всего мира

Боевой дух
Духовная война
Еф. 6:10-18

- Оснащены и готовы пострадать
- Понимание, что ты – воин Христос
- Знание вражеских приёмов
- Смелость участвовать в битве
- Облачение во всеоружие Божье
- Преобладающая молитва – заступническая

Приложение 21

Этика Нового Завета: живя в парадоксальном Царстве Божьем

преп. д-р Дон Л. Дэвис

Противоположный принцип	
Суть принципа	**Священное Писание**
Бедные должны стать богатыми, а богатые – бедными	Луки 6:20-26
Беззаконники и недостойные получают спасение	Мф. 21:31-32
Унижающие себя будут возвышены	1 Петр. 5:5-6
Возвышающие себя будут унижены	Луки 18:14
Слепые прозреют	Иоанна 9:39
Называющие себя видящими станут слепыми	Иоанна 9:40-41
Мы получаем свободу, становясь рабами Христа	Рим. 12:1-2
Бог избрал немудрых мира, чтобы посрамить мудрых	1 Кор. 1:27
Бог избрал слабых мира, чтобы посрамить сильных	1 Кор. 1:27
Бог избрал уничижённое и ничего не значащее, чтобы упразднить значащее	1 Кор. 1:28
Мы приобретаем будущий мир, отрекаясь от этого мира	1 Тим. 6:7
Любите эту жизнь – и вы её потеряете, возненавидьте эту жизнь – и вы обретёте жизнь вечную	Иоанна 12:25
Делаясь рабом всех, становишься великим	Мф. 10:42-45
Собирая себе сокровища на земле, теряешь небесное вознаграждение	Мф. 6:19
Собирая сокровища на небесах, получаешь небесные богатства	Мф. 6:20
Умирая для себя, получаешь полноту жизни	Иоанна 12:24
Откажитесь от земного признания, и вы получите похвалу на небесах	Флп. 3:3-7
Первые будут последними, а последние – первыми	Марка 9:35
Благодать Христа достигает своего совершенства, когда мы слабы, а не когда сильны	2 Кор.12:9
Лучшая жертва Богу – покаяние и сокрушённое сердце	Пс. 50:19
Блаженнее давать, нежели принимать	Деян. 20:35
Давайте, и дастся вам переполненною мерою Божьей	Луки 6:38

Приложение 22

Иисус Христос – главная Личность и тема Библии

преп. д-р Дон Л. Дэвис

По книге Нормана Гайслера «Научно-популярное исследование Ветхого Завета» (Norman Geisler, A Popular Survey of the Old Testament. Grand Rapids, MI: Baker Books, 1977, pp. 11ff)

Иисус Христос – главная Личность и тема Библии (Луки 24:27; Евр. 10:7; Мф. 5:17; Иоанна 5:39)	Двухчастная структура Библии	Четырёхчастная структура Библии	Восьмичастная структура Библии
	Ветхий Завет: Ожидание Сокрыто Записано Заповедь Тень грядущего В ритуалах В иллюстрациях Как предсказано В пророчествах В предвоплощениях	**Закон** *Основание для Христа*	**Закон:** Основание для Христа (Бытие - Второзаконие)
			История: Подготовка к приходу Христа (Иисус Навин - Есфирь)
		Пророки *Ожидание Христа*	**Поэзия:** Надежда на приход Христа (Иов - Песнь Песней)
			Пророки: Ожидание Христа (Исаия - Малахия)
	Новый Завет: Осуществление Открыто Объяснено Достигшее совершенства Видимым образом На самом деле В личности Исполнившееся В истории В воплощении	**Евангелия** *Проявления Христа*	**Евангелия:** Проявления Христа (Матфей - Иоанн)
			Деяния: проповедование Христа (Деяния Апостолов)
		Послания *Объяснение, кто такой Христос*	**Послания:** Объяснение, кто такой Христос (Римлянам - Иуда)
			Откровение: Завершение земной миссии Христа (Откровение Иоанна)

ПРИЛОЖЕНИЕ 23

Да возвеличится Бог!
Семь нот: как искать Бога и получить от Него благословение
преп. д-р Дон Л. Дэвис

#	Тема		Писание	Понимание		Молитва
1	**Преклонение**	• Насаждение и радость в Боге • Безмерная благодарность • Прославление личности Бога и Его дел	Пс. 28:1-2 Откр. 4:4-11 Рим. 11:33-36 Пс. 26:4-8	Перед великой славой Божьей	Пред Божьим лицом	Собрание для поклонения и молитвы
2	**Признание**	• Бессилие • Беспомощность • Осознание того, что ты отчаянно нуждаешься в Боге	Пс. 33:19-20 Притч. 28:13 Даниила 4:34-35 Исаии 30:1-5	Своей сокрушённости перед Богом		Признание нашего бессилия
3	**Готовность**	• Умереть для эгоистичных мыслей и любви к миру • Не полагаться на плотские ресурсы и методы, на земную мудрость • Отдать себя в живую жертву Богу	Рим. 12:1-5 Иоанна 12:24 Флп. 3:3-8 Гал. 6:14	Подчиниться Богу		Отдать всего себя Христу
4	**Пробуждение** *общее и местное*	• Оживление: излияние Духа Святого на народ Божий • Обновление: послушание великой заповеди – любить Бога и ближнего • Перемена: радикальный поворот ко Христу, как к Господу	Осия 6:1-3 Еф. 3:15-21 Мф. 22:37-40 Иоанна 14:15	Просьба о наполнении Духом Святым	Полнота	Горячие заступнические молитвы за других
5	**Продвижение вперёд** *общее и местное*	• Движение: дойти туда, где ещё не проповедовалось Евангелие • Мобилизация каждой общины для исполнения Великого Поручения • Воинственный настрой: готовность переносить страдания и трудности духовной борьбы	Деян. 1:8 Марк 16:15-16 Мф. 28:18-20 Луки 19:41-42 2 Тим. 2:1-4	Просьба о действии Духа	Исполнение	
6	**Утверждение**	• Свидетельствовать о делах Господа • Наставлять друг друга, говоря истину с любовью	Пс. 106:1-2 Евр. 3:13 2 Кор. 4:13 Мал. 3:16-18	Спасённые да скажут так	Вера	Ободряйте друг друга через истину и свидетельство
7	**Признание**	• Терпеливо ожидать, когда Бог начнёт действовать в Своё время и Своими методами • Жить с уверенностью в том, что Бог отвечает на наши прошения • Демонстрировать своим поведением уверенность в том, что Бог исполнит всё то, что Он обещал	Пс. 26:14 2 Пар. 20:12 Притч. 3:5-6 Ис. 55:8-11 Пс. 2:8	Постоянно взирать на Господа	Борьба	Рассеяние по всему миру для служения и ожидания

«Ищите Господа» Захария 8:18-23; Исаия 55:6

«Молитесь Богу, чтобы помиловал нас» Захария 8:18-23; Иеремия 33:3

Приложение 24

Никейский символ веры

Веруем во единого Бога Отца, Вседержителя, Творца неба и земли, всего видимого и невидимого.

Веруем во единого Господа Иисуса Христа, Сына Божия, Единородного, рождённого от Отца прежде всех веков: Бога от Бога, Света от Света, Бога истинного от Бога истинного, Рождённого, Несотворённого, Единосущного с Отцом, Им же всё сотворено.

Который ради нас, людей, и ради нашего спасения сошёл с небес и воплотился от Святого Духа и Марии Девы, и стал человеком. Был распят за нас при Понтии Пилате, пострадал и был погребён, и воскрес в третий день по Писаниям, и восшёл на небеса, и сидит по правую сторону от Отца. И опять придёт со славою судить живых и мёртвых, и Его царству не будет конца.

Веруем в Духа Святого, Господа, подающего жизнь, от Отца и Сына исходящего, вместе с Отцом и Сыном Поклоняемого и Славимого, говорившего через пророков.

Веруем в единую, святую, соборную и апостольскую Церковь.

Исповедуем одно крещение во оставление грехов и ожидаем воскресения мёртвых и жизни будущего века. Аминь.

Приложение 25

Никейский Символ Веры
с библейскими ссылками

Институт городского служения

Веруем во Единого Бога, *(Втор. 6:4-5; Мк. 12:29; 1 Кор. 8:6)*
  Отца, Вседержителя, *(Быт. 17:1; Дан. 4:34; Мф. 6:9; Еф. 4:6; Откр. 1:8)*
  Творца неба и земли, *(Быт. 1:1; Ис. 40:28; Откр. 10:6)*
  всего видимого и невидимого. *(Пс. 148; Рим. 11:36; Откр. 4:11)*

Веруем во единого Господа Иисуса Христа, Сына Божия,
  Единородного, рождённого от Отца прежде всех веков, Бога
  от Бога, Света от Света, Бога истинного от Бога истинного,
  Рождённого, Несотворённого, Единосущного с Отцом,
    (Иоан. 1:1-2; 3:18; 8:58; 14:9-10; 20:28; Кол. 1:15,17; Евр. 1:3-6)
  Им же всё сотворено. *(Иоан. 1:3; Кол. 1:16)*

Который ради нас, людей, и ради нашего спасения сошёл с небес и
  воплотился от Святого Духа и Марии Девы, и стал человеком.
    (Мф. 1:20-23; Иоан. 1:14; 6:38; Луки 19:10)
  Был распят за нас при Понтии Пилате, пострадал и был погребён,
    *(Мф. 27:1-2; Мк. 15:24-39, 43-47; Деян. 13:29; Рим. 5:8; Евр. 2:10;
    13:12)*
  и воскрес в третий день по Писаниям,
    (Мк. 16:5-7; Луки 24:6-8; Деян. 1:3; Рим. 6:9; 10:9; 2 Тим. 2:8)
  и восшёл на небеса, и сидит по правую сторону от Отца.
    (Мк. 16:19; Еф. 1:19-20)
  И опять придёт со славою судить живых и мёртвых, и Его царству
  не будет конца. *(Ис. 9:7; Мф. 24:30; Иоан. 5:22; Деян. 1:11; 17:31;
    Рим. 14:9; 2 Кор. 5:10; 2 Тим. 4:1)*

Веруем в Духа Святого, Господа, подающего жизнь
    *(Быт. 1:1-2; Иов. 33:4; Пс. 103:30; 138:7-8; Лука 4:18-19; Иоан.
    3:5-6; Деян. 1:1-2; 1 Кор. 2:11; Откр. 3:22)*
  от Отца и Сына Исходящего, *(Иоан. 14:16-18,26; 15:26; 20:22)*
  вместе с Отцом и Сыном Поклоняемого и Славимого,
    (Ис. 6:3; Мат. 28:19; 2 Кор. 13:13; Откр. 4:8)
  говорившего через пророков.
    (Числ. 11:29; Мих. 3:8; Деян. 2:17-18; 2 Петр. 1:21)

Веруем в единую, святую, соборную и апостольскую Церковь.
    (Мф. 16:18; Еф. 5:25-28; 1 Кор. 1:2; 10:17; 1 Тим. 3:15; Откр. 7:9)

Исповедуем одно крещение во оставление грехов.
   (Деян. 22:16; 1 Петр. 3:21; Еф. 4:4-5)
И ожидаем воскресения мёртвых и жизни будущего века.
   (Ис. 11:6-10; Мих. 4:1-7; Лук. 18:2-30; Откр. 21:1-5; 21:22-22:5)
Аминь.

Никейский символ веры с библейскими ссылками: стихи для запоминания

Ниже вы найдёте стихи для запоминания, каждый стих соответствует одному разделу из Символа веры

Отец
Откровение 4:11

Сын
Иоанн 1:1

Миссия Сына
1 Коринфянам 15:3-5

Дух Святой
Римлянам 8:11

Церковь
1 Петра 2:9

Наша надежда
1 Фессалоникийцам 4:16-17

Приложение 26

Апостольский Символ Веры

Верую в Бога Отца Вседержителя, Творца неба и земли. И в Иисуса Христа, Сына Божьего, Единородного, Господа нашего, зачатого от Духа Святого и рождённого Девой Марией; страдавшего при Понтии Пилате, распятого, умершего, погребённого и сошедшего в ад; и воскресшего на третий день из мёртвых и восшедшего на небеса, и сидящего по правую руку Бога Отца Вседержителя; откуда придёт Он судить живых и мёртвых.

Верую в Духа Святого, в святую Вселенскую Церковь, общение святых, в прощение грехов, в воскресение в теле и в жизнь вечную. Аминь.

www.ingramcontent.com/pod-product-compliance
Lightning Source LLC
Chambersburg PA
CBHW081136090426
42740CB00014BA/2875